If a poem has a meaning, shame on the poet

Author in English: Emad Jafaripour

English to Persian interpreter: Emad Jafaripour

Pages: 162
Size: 17 x 24 cm

Publisher: Supreme Art, USA
ISBN: 9781942912903

Cover designer: Sepideh Jalali
1st edition: Jun 2023

شعر اگر معنا دهد، خاک به سر دان او را

نویسنده انگلیسی: عماد جعفری پور

مترجم انگلیسی به فارسی: عماد جعفری پور

تعداد صفحات: 162
قطع: وزیری 17 در 24
ناشر: سوپریم آرت، آمریکا
شابک: 9781942912903
طراح جلد: سپیده جلالی
چاپ نخست بهار سال 1402 خورشیدی

Table of chapters

Chapter 1, Introduction/ Problem statement 01
Chapter 2, Presented to 08
Ch. 3, Which edition of related books? 09
Ch. 4, Zagros Mountains oak & poetic oak 12
Ch. 5, Poets without poems 20
Ch. 6, Influence of poetry on engineering etc. 27
Ch. 7, A jury panel from all nations 28
Ch. 8, Poetry criticism samples/ancient texts 29
Ch. 9, Ambiguity in poetry is good & useful 32
Ch. 10, A poet & a critic, not enemies 43
Ch. 11, 1st expectation from a poem: power 52
Ch. 12, 2nd expectation: metaphor and other devices 58

فهرست فصل ها

فصل یک، مقدمه/ طرح مساله 01
فصل دو، تقدیم به 08
فصل سه، کدام نسخه از کتب مربوطه؟ 09
فصل چهار، بلوط شاعر و بلوط زاگرس 12
فصل پنج، شاعران بدون شعر 20
فصل شش، تاثیر شعر بر اختراعات مهندسی 27
فصل هفت، داوران مسابقه ای از ملتهای جهان 28
فصل هشت، نمونه ها از نقد شعر در متون کهن 29
فصل نه، ابهام در شعر، مطلوب و مفید است 32
فصل ده، شاعر و منتقد دشمن یکدیگر نی اند 43
فصل یازده، توقع یک از شعر: قدرت داشتن شعر 52
فصل دوازده، توقع دو: استعاره و چند آرایه دیگر 58

Cont. Table of chapters

- **Ch. 13,** 3rd expectation: provoke emotions 87
- **Ch. 14,** 4th expectation: freedom of speech 90
- **Ch. 15,** 5th expectation: linking to other arts 114
- **Ch. 16,** 6th expectation: creating images 118
- **Ch. 17,** 7th expectation: dynamic story telling 124
- **Ch. 18,** 8th expectation: bond separate things 130
- **Ch. 19,** 9th expectation: replace main & secondary features ... 132
- **Ch. 20,** 10th expectation: being timeless & placeless 134
- **Ch. 21,** 11th expectation: use of symbols/myths 136
- **Ch. 22,** 12th expectation: form & meter 144
- **Ch. 23,** 13th expectation: poems translation 151
- **Ch. 24,** 14th expectation: poem as a painting 153
- **Ch. 25,** Expectations from this very book 155

ادامه ــ فهرست فصل ها

فصل سیزده، توقع سه: حالت عاطفی در مخاطب................ 87

فصل چهارده، توقع چهار: آزادی بیان و عبور از رنج 90

فصل پانزده، توقع پنج: پیوند با سایر علوم و هنرها 114

فصل شانزده، توقع شش: تصویر سازی در ذهن 118

فصل هفده، توقع هفت: روایت گری، الف به ب 124

فصل هجده، توقع هشت: پیوند اشیاء مجزای جهان 130

فصل نوزده، توقع نه: جابجایی اصل و فرع 132

فصل بیست، توقع ده: فرازمانی و فرامکانی بودن 134

فصل بیست و یک، توقع یازده: نشانه ها و اسطوره ها 136

فصل بیست و دو، توقع دوازده: وزن و قالب 144

فصل بیست و سه، توقع سیزده: ترجمه شعر به متن ممنوع 151

فصل بیست و چهار، توقع چهارده: نقاشی با کلیت متن شعر 153

فصل بیست و پنج، توقع از خود این کتاب 155

Over 3000 years in human history, poets and philosophers described poetry by focusing on aesthetic aspects and not giving a priority to meaningfulness of poems. Poems are speeches which are higher than text & prose. Poems are speeches which are ambiguous (1), beautiful (2) and affecting our emotions as readers (3). To achieve these 3 characteristics, poems must be decorated with a number of poetic devices (there are totally more than 200 devices). Influential & powerful people who did not accept the true being of poetry, and instructed to eliminate any ambiguity from poems and even expected to receive **exact meaning** of each poem, put themselves to shame and ruined their own social reputation, including Plato ancient philosopher, Joseph Stalin, Sheykh Azari Esfarayeni, several prophets, Yazdegerd II Sassanid King, and several others. This book explains in brief **what to expect from a poem.** The purpose is to ask critics and poetry audiences to get rid of meaningfulness concerns, and to pay more attention to aesthetics of any poem.

سه هزار سال است که شاعران و فیلسوفان در توصیف شعر، جنبه های استتیک یا زیباشناختی را مورد تاکید قرار می دهند و نه معنادار بودن آن را. شعر کلامی برتر از متن و نثر است. شعر کلامی است که مبهم (یک)، زیبا (دو) و اثرگذار بر عواطف ما مخاطبان (سه) باشد. شعر برای رسیدن به این سه ویژگی، باید با تعدادی از آرایه های ادبی تزئین شده باشد (آرایه ها در مجموع بیش از دویست عدد می باشند). افراد متنفذ و قدرتمند که ذات شعر را نپذیرفته اند و خواهان حذف عنصر ابهام از شعرها شدند، و حتی توقع دریافت **معنای دقیق از شعر** داشتند، فقط آبروی خویش را برده اند، و وجهه اجتماعی خود را تضعیف نموده اند، از جمله افلاطون فیلسوف یونانی، ژوزف استالین، شیخ آذری بیهقی اسفراینی، برخی پیامبران، یزدگرد دوم پسر بهرام گور و افراد دیگر. این کتاب به اختصار شرح می دهد که در نقد شعر، **چه توقعی از شعر** داشته باشیم. هدف کتاب، درخواست از منتقدان و مخاطبان شعر برای خلاص شدن از دغدغه معنا و بیشتر پرداختن به زیباشناختی هر شعر است.

Introduction/ problem statement

Generally, my motivation for writing this book & my problem statement is simply written on the back cover. It is: to ask critics and poetry audiences to get rid of meaningfulness concerns, and to pay more attention to aesthetics of any poem.

Imagine a father is enjoying a calm day with other members of his family near a farmland water canal which is 3 meters deep. They play football. You approach and tell him "Hi, you see that hill over there? Several drunk men are walking there and coming towards you" The man will start being concerned. He will fear some sort of fight between his family & those drunk strangers. He will start taking children and other family members away from water canal. If you tell him almost similar words through poetic language of Jalal al-Din Rumi in his sonnet number 819 the man will feel good & will ask his family to continue their recreational and playful activity in the nature. Sonnet 819 says "Little by little, the drunk men will come, they will come from a high place, down to this low area" This is the power & beauty of poetry. Poetry grabs words from ordinary talks in language & turns them into more powerful, more beautiful & more human-based words.

مقدمه / طرح مساله

طرح مساله این کتاب و انگیزه نگارش، همان است که پشت جلد نوشته شده است. عبارت است از: درخواست از منتقدان و مخاطبان شعر برای خلاص شدن از دغدغه معنا و بیشتر پرداختن به زیباشناختی هر شعر.

فرض کن پدر یک خانواده همراه کودکان و سایر اعضای خانواده اش کنار یک کانال آب کشاورزی به عمق سه متر، مشغول تفریح و بازی فوتبال گل کوچک هستند. تو به آن پدر نزدیک می شوی و می گویی "سلام، تعدادی آدم مست از آن تپه مرتفع عبور کردند و در سرازیری قدم می زنند و آهسته آهسته دارند به سمت شما می آیند" آن پدر از شنیدن خبری که به او دادی، نگران می شود و احتمال دعوا و درگیری و غرق شدن کودکان در آب عمیق را می دهد و خانواده را از کانال دور می کند. او گارد دفاعی در برابر عابرهای پیاده و مست و معتاد و احتمالا بی ادب می گیرد. ولی اگر برایش غزل 819 مولوی بلخی را بخوانی و بگویی "اندک اندک جمع مستان می‌رسند / از چنان بالا به پستان می‌رسند" او حس خوبی خواهد داشت و با تو زمزمه خواهد کرد و به خانواده خواهد گفت که تفریح و فوتبال شان را ادامه دهند. این قدرت و زیبایی شعر است، یعنی گرفتن عباراتی از زبان روزمره آدمیان و تبدیل آن به عباراتی قدرتمندتر، زیباتر، و انسانی تر.

Cont. Introduction/ problem statement

Insisting on obtaining a clear meaning from poetry may lead to crazy & stupid behaviors. If we accept this crucial rule (not expecting exact meaning), it will be a much better experience. I do mean it. In the book Rightful Poem, Unmasked Poem by A. H. Zarinkoub page 51 we read "I attended a poetry analysis meeting. A well-known Iranian poet also was there. He started his speech. He read a poem from Hafez Shirazi, then he edited several words & corrected the poem, before his analysis. He totally ruined the poem. I complained about what he did. He responded by saying: I am sure this new order and version of his words is better & if Hafez was alive, I could convince him too."

If that gentleman could come along with ambiguity in poetry, he would not need to take such a stupid step against literature. He could simply tell himself "Hafez was an artist and a poet, he worked hard & created masterpieces for all humans, now I can just look at it & enjoy it & get some sort of rough meaning and pleasure on my own"

It would be much better. Right?

ادامه ___ مقدمه / طرح مساله

اصرار بر دریافت معنای دقیق از شعر، کار انسان را به بی آبرویی و رسوایی و کارهای حقیرانه می کشاند. هر چه زودتر با این نکته کنار بیاییم، تجربه بهتری از مواجهه با شعر خواهیم داشت.
در کتاب شعر بی دروغ شعر بی نقاب اثر غلامحسین زرین کوب ص 51 می خوانیم "در یک انجمن ادبی حاضر شدم. یکی از غزلسرایان بزرگ معاصر هم حاضر بود. او یک بیت از دیوان حافظ را خواند و پیش از تحلیل شعر، آنقدر واژه های خواجه را تصحیح کرد و کم و زیاد کرد، که تقریبا تمام شعر عوض می شد. من گفتم: آخر از کجا معلوم که حافظ خواسته است اینطور بگوید؟ و آن استاد با خونسردی ادیبانه اش جواب داد: اما اگر حافظ هم اینجا حاضر می بود، قانعش می کردم که شعرش را همینطور عوض کند"

اگر این غزل سرا در خاطره سرخ و تلخ جناب زرین کوب، با این مساله کنار می آمد و در پستوی ذهنش می گفت که حافظ یک تابلوی هنری و شاعرانه و زیبا برای ما ترسیم کرد، و ما بایستی بنشینیم ازش لذت ببریم و اندک معنای تقریبی ای هم از آن برداشت کنیم، آیا اینقدر بی منطق و نا خونسرد می شد؟ بعید می دانم.

Cont. Introduction/ problem statement

Each one of below phrases has one meaning only. No ambiguity exists. No possibility exists for taking branches of meaning from 1 root here, by multiple reviewers. Why? Because these phrases are not poetic. They are just logical-scientific-mathematical phrases. As of their very nature, for the sake of their writers' reputation, these phrases must have less ambiguity or no ambiguity at all.

1) The day before yesterday, I saw my maternal grandmother.
2) A rectangle has 4 internal right angles.
3) Trees need light for growing.
4) Salt as sodium chloride, dissolves in water in short time, let's say few minutes.

For a person who aims to speak with logical-scientific-mathematical phrases, it is better to use single meaning phrases. On the other hand, for a person who aims to speak with poetical phrases, it is better to reduce meaningfulness & increase beauty, ambiguity, enthusiasm & feelings. If a scientist tries to write her/his articles in a poetic way, he/she will anger the readers. If a poet tries to write close to scientific texts, seven skies of poetry's world will fall on his/her head and such a tragic event will be fairly right. This page is the most important page. Please mark it and read it twice or more in future.

ادامه ___ مقدمه / طرح مساله

عبارات زیر، هر کدام فقط یک معنا دارند. قابلیت انشعاب به چند معنا توسط چند تحلیلگر یا چند منتقد یا چند مخاطب را ندارند. چرا؟ چون شعر نیستند، بلکه عباراتی منطقی-علمی-ریاضیاتی هستند، و بر اساس ماهیت شان، به نفع حیثیت خودشان و نویسنده شان است که ابهام کمتری داشته باشند.

یک) پریروز مادربزرگ مادری ام را دیدم.   دو) یک مستطیل چهار زاویه قائمه داخلی دارد.

سه) درختان به نور احتیاج دارند تا رشد کنند.

چهار) نمک با نام علمی کلرید سدیم در مدت کوتاه در حد چند دقیقه در آب حل می شود. همانقدر که به نفع حیثیت گوینده این عبارات منطقی-علمی-ریاضیاتی است که واضح و تک معنایی باشند، در سوی دیگر ماجرا، به نفع بیت و مصرع و شعر و شاعر است که از دقت در معنا بکاهند و بر زیبایی، ابهام، شور و احساس بیفزایند. اگر یک دانشمند بخواهد مقاله علمی اش را با کلام شاعرانه بنویسد، موجبات خشم و نفهمی یا نفهمیدن مخاطبان را فراهم می سازد. از سوی دیگر، اگر شاعری بخواهد مثل متون علمی، شعر بسراید، هفت آسمان دنیای شعر بر سرش خراب خواهند شد و این رخداد تلخ، کاملا منصفانه و عادلانه است. حقش است. این صفحه مهمترین صفحه این کتاب است، لطفا علامتی بگذارید تا در آینده دوباره و چند باره بخوانیدش.

Cont. Introduction/ problem statement

Raymond Queneau French author and poet said "I imagined seeing Joseph Stalin. He was angry with me and others. He asked: Why do you insist on taking several meanings from one word? If a person names water with another word, will someone get a benefit or what? I responded: I (as a poet) will get the benefit" A shorter version of this strong conversation is written in the book The Text-Structure and Textural Interpretation Vol. 1 by Babak Ahmadi page 74. How would you respond to Joseph Stalin's anger and his question? Would you defend the absolute right of poetry for writing unclear & uncertain couplets or not? Why do you expect a meaning from something that was not originated for meaningfulness?

A poem is a speech with beauty, with influence on people, with ambiguity, and with many other things. It's a pitty when we see poets explain their poems and clarify all phrases and make it a single-meaning speech type, and by doing so, they brutally kill their own poems. A poet cannot ultimately decide if his/her created new text is a poem or not. It will be decided by audiences and over a period o time.

ادامه ___ مقدمه / طرح مساله

ریموند کوینو نویسنده و شاعر فرانسوی نوشته "در خیالم استالین را دیدم، از دست من و دیگران عصبانی بود. پرسید: چرا روی وجود معناهایی غیر از واقعیت کلمه ها، اصرار دارید، چرا اینقدر از ابهام و چند معنایی حمایت می کنید؟ مثلا این که آب را آب نخوانیم، به نفع چه کسی است؟ و پاسخ دادم: به نفع من (شاعر)" این گفتگو به شکل مختصرتر در کتاب ساختار و تاویل متن جلد یکم اثر بابک احمدی ص 74 بازگو شده است. اگر شما به جای کوینو، ژوزف استالین را حضوری می دیدید، چه پاسخی می دادید؟ آیا از حق مسلم شعر برای بیان غیر شفاف و پر ابهام دفاع می کردید؟

چرا از چیزی توقع معنا دارید که از ابتدا با هدف معنا رسانی رای بشریت، ایجاد نشده است؟

شعر کلامی است زیبا و اثرگذار و دارای ابهام و دارای خیلی چیزهای دیگر. چه بسیارند شاعرانی که با فریب خوردن و تشریح عبارات مندرج در شعر خود و تک معنایی کردن آن، مراسم ختم شعر خود را با شکوه برگزار کرده اند. شعر بودگی یک شعر جدید، عملا توسط خود شاعر تعیین و ابلاغ نمی شود. بلکه توسط مخاطبان و در گذر زمان تعیین می شود.

Cont. Introduction/ problem statement

In the booklet Poetry Criticism by Ehsan Tabari page 8 it's written "Martin Heidegger analyzes Poet Holderlin and says: Poet lives somewhere between Gods & people, where many Gods already escaped the conflict scene and 1 new God is taking the throne. Almost the same way, Immanuel Kant says: Poetry is an amusing game of imaginations, it delivers a product to readers, and the product he/she never promised before" From these two strong statements, we can conclude that the duty of poetry is much bigger than transferring a simple meaning. Poetry is aimed to assist people in stressful & heavily disturbed mental states in life.

In the book Ciritism of Persian Poetry in Pakistan and India by Zahurudin Ahmad page 9 we read "Criticism explores hidden aspect of a poem, and help the readers to add their own enthusiasm (not the poet's enthusiasm). A critical reviewer needs to be aware of social circumstances, and be able to identify myths & ancient symbols, and help the readers to enrich their lives with the joyful concepts in poetry".

ادامه ___ مقدمه / طرح مساله

در جزوه نقد شعر احسان طبری ص 8 می خوانیم "مارتین هایدگر در بررسی آثار شاعر هولدرلین می گوید: شاعر در فاصله بین خدایان و مردم، و در زمانی می زید که خدایانی گریخته اند و خدایی نو می آید. ایمانوئل کانت نیز می گوید: شعر بازی سرگرم کننده خیال است که چیزی (هدیه ای) را به خواننده می دهد که از قبل وعده نکرده است" از این دو سخن هایدگر و کانت در می یابیم که رسالت شاعر فراتر از رساندن یک معنا است و در شرایط پر آشوب خیال و ذهن بشر، به کمک انسان ها می آید. در کتاب نقد شعر فارسی در پاکستان و هند اثر ظهورالدین احمد ص 9 می خوانیم "نقد، اسرار سربسته شعر را کشف و ذوق خواننده را آشکار می کند (و نه ذوق شاعر را). هر قدر شعر پیچیده باشد، ضرورت نقد بیشتر است. برای نقاد لازم است که با محرکات و عوامل و اوضاع زمانه آشنا باشد. نقاد، حسن و روح کلام را در می یابد و رشته های اساطیری آن را نشان می دهد. با اعماق شعر و تجارب گرانبها آشنا شده، خوندگان را نیز به آن آشنا می کند و ایشان را لذت و آرامش می بخشد و زندگی را زیبا و غنی می سازد. نقاد باید منظومه را تحلیل کند و خوبیهای آن را آشکار کند. اسلوب، تکنیک و مختصات هنری را نشان دهد. خصوصیت یگانه آن را نمایان کند"

Cont. Introduction/ problem statement

In the book Aesthetics in Arts & Nature by Ali Naghi Vaziri page 44 we read "Ferdinand Brunetiere says a piece of art work is not what it looks to be. It cannot be understood. It can only be compared to other art works. Foroughi Bastami could be a great Iranian poet, if we did not have Hafez & Saadi".

Let's have a look at one of our exaples of logical-scientific-mathematical phrases. A rectangle has 4 internal right angles. It doesn't need any comparision with other shapes. Real poets are the ones who can get an old cliche like devout disgracing a so-called sinner, and turn that cliche to better poems, even better than Hafez, Attar & Saeb Tabrizi. An example is Forough Farokhzad. In the book The Little Mermaid by Abdolali Dashgheyb page 47 we read "Forough's attacks through poetry on devouts and deeply religious men were serious attacks:
Ignore them, let those shallow minded devouts, in their black clothes, disgrace me in the society, let my name to be put to shame by them, who are they? They are made by the Devil"

ادامه ___ مقدمه / طرح مساله

در کتاب زیبا شناسی در هنر و طبیعت اثر کلنل علی نقی وزیری ص ۴۴ می خوانیم "فردینان برونتیر می گوید که کار هنری آنطور که به نظر می آید نیست و نمی تواند باشد، و به درستی درک نمی گردد. مگر آن که آن را با کار هنری دیگر بسنجند. فروغی بسطامی یا بسیاری از غزلسراهای دیگر خوب ترین می بودند، اگر حافظ و سعدی نمی بودند"

برگردیم به مثال هایی از عبارات منطقی-علمی-ریاضیاتی "مستطیل چهار زاویه قائمه داخلی دارد" برای صحت، نیاز به مقایسه با سایر شکل های هندسی ندارد. شاعر قوی کسی است که حتی یک مضمون کلیشه ای و هزار ساله مثل زاهد ریاکار و رسوایی گنهکار را تحویل بگیرد و آن را بهتر از حافظ و عطار و صائب تحویل مان دهد، کسی مثل فروغ فرخزاد. در کتاب پری کوچک دریا/عبدالعلی دستغیب ص ۴۷ می خوانیم "شعرهایی از چند شاعر دیگر انتشار می یافت که به متولیان اخلاق نیشی می زدند و می گذشتند. اما در شعر فروغ، حمله ها صریح بود و حریف به سختی آماج انتقاد قرار می گرفت، مثلا فروغ می گفت: بگذار زاهدان سیه دامن/ رسوای کوی و انجمنم خوانند/ نام مرا به ننگ بیالایند/ ایشان که آفریده شیطانند"

Cont. Introduction/ problem statement

We are closing the introduction chapter. This very book is not aimed to be a book of poetry collection. Also, this book is not a book of poetry devices. I do not write it to be a book of versification or a book of prosody or a book of linguistics. If you read it as any of those categories, you will not het my point.

This book is an argumentative book about poetry meaningfulness or poetry ambiguity.

This book is in 2 languages. Persian part of each page is not a translation of the English part. It has the same concept. Sometimes it is a translation. If you know both languages, I recommend you to read both English text and Persian text and blink one-eye to the nerest person around you.

ادامه ___ مقدمه / طرح مساله

به انتهای فصل مقدمه رسیدیم. این کتاب مجموعه ای از شعرهای گردآوری شده نیست. همچنین این کتاب یک کتاب معرفی آرایه های شعری نیست. این کتاب را ننوشتم که یک کتاب عروض باشد و یا یک کتاب زبانشناسانه. اگر از این کتاب برداشتی متناسب با کتب مربوط به هر یک از این دسته بندی ها داشته باشید، متوجه منظور من نمی شوید و از منظر و مقصود کلی من دور می شوید.

این کتاب صرفا یک مجادله و بحث و مشاجره است، آن هم بر سر دوگانه معناداری شعر و یا ابهام در شعر.

این کتاب دو زبانه است. بخش فارسی در هر صفحه، ترجمه متن انگلیسی در همان صفحه نیست. بلکه مضمون یکسان دارند و گاهی به ترجمه نزدیک می شود. اگر شما به زبان انگلیسی و فارسی تسلط دارید، توصیه می کنم هر دو متن فارسی و انگلیسی را بخوانید و به نزدیکترین نفر اطرافتان چشمک بزنید.

Presented to

I proudly present this book to all members of The Council of Poetry & Story telling of Ramhormoz, in Iran.

Active members of this council are over 300, but in brief, I say their names partially: late chief of this council Mr. Mostafa Noorafrooz,

and other seniors including Mr. Hatami, Mr. Dardarpour, Mr. Rahimi, Ms. Zakipour, Mr. Ahmadi, Mr. Amirjani, Ostad Asadi Reza, Mr. Jashn, Ms. Fagol, Ms. Mombeini (s), Ms. Narges (ses), Ms. Kamayi (s), Mr. Rezanejad, Ms. Kolahkaj (s), Mr. Bigdeli (s), Mr. Davoudi, Mr. Shokri, Mr. Hemati, Ms. Taghavirad, Ms. Ashtari, Ms. Alipour, Mr. Farhadi, Mr. Baymani, Mr. Kiani, Ms. Karimi, Ms. Rostami, Ms. Rostampour, Ms. Hajizadeh & Ms. Jalali & other valuable friends.

I keep the big circle of <u>all members of this poetic society</u> receiving this honor as a small gift from me. Each and every one in this honorable poetic society is awesome.

تقدیم به

این کتاب را پیشکش می کنم به تک تک اعضای انجمن شعر و داستان رامهرمز، در خوزستان ایران. اعضای فعال این انجمن بیش از سیصد نفر هستند ولی در حد اختصار یاد می کنم از: زنده یاد مصطفی نورافروز،

و جناب حاتمی، جناب دردارپور، جناب رحیمی، بانوی شاعر زکی پور، جناب احمدی، جناب امیرجانی، استاد اسدی رضا، جناب جشن، بانو فاگل، بانو ممبینی (ها)، بانو نرگس (ها)، بانو کمایی (ها)، جناب رضانژاد، بانو کلاه کج (ها)، جناب بیگدلی (ها)، جناب داوودی، جناب شکری، جناب همتی، بانو تقوی راد، بانو اشتری، بانو علیپور، جناب فرهادی، جناب بایمانی، جناب کیانی، بانو کریمی، بانو رستمی، بانو رستم پور، بانو حاجی زاده، بانو جلالی و سایر دوستان ارجمند و بزرگان این انجمن.

تاکید می کنم تک تک اعضای <u>این انجمن</u> ارزشمندند، در تمام دوران ها، و در تمام سال ها برای من عزیزند و در این افتخار، در این کتاب و در دریافت این هدیه کوچک از دست من، سهیم اند.

Which edition of related books?

I tried to quote from many Iranian and global authors and poets, and their books, to sufficiently discuss and clarify the dual concept of meaningfulness or ambiguity in poetry. Some books are later deleted from my list of references because for example, the author was self-centric and did not relate his/her ideas to ideas of others in human history.

I also deleted several other books from my list of references because the author (of each book) did work on Iranian literature only, and did not have adequate awareness of global literature and worldwide poetry.

The books which are remained are on the next page. Through these books, I quoted from more than 70 philosophers and poets in human history.

کدام نسخه از کتب مربوطه؟

تلاش کردم ارجاعات و عبارت گزینی هایی از تعداد زیادی از نویسنده ها و شاعران ایران و جهان را در این کتاب بگنجانم. سعی کردم این کتاب به گونه ای باشد که به قدر کافی به دوگانه ابهام یا معناداری شعر بپردازد. کتاب های زیادی را بررسی کردم، سپس تعدادی از کتابها را از فهرست کتب مرجع حذف کردم، زیرا، برای نمونه، نویسنده اش خودمحور و انفرادی و منبر گونه و بی ارزش سخن گفته بود و ارتباطی بین ایده های خودش و ایده های سایر نویسندگان در تاریخ بشر برقرار نکرده بود. برخی دیگر از کتابها را نیز از فهرست کتب مرجع حذف کردم چون فقط به ادبیات ایران پرداخته بودند و پختگی و شناخت محترمانه جهانی از شعر فاخر را نداشتند.

کتبی که باقی ماندند، در صفحه بعد ذکر شده اند. از طریق متن این کتابها، به آراء بیش از هفتاد فیلسوف و شاعر در تاریخ بشر ارجاع داده شده است.

Cont. Which edition of related books?

Books which are directly referenced in this book, include:

1_ Heidegger on Poetry, what is Sudeep Sen for? By Toms Kencis, University of Lativa Pub. 2015

2_ Criticism of Persian Poetry in Pakistan and India, By Zohuredin Ahmad 1995

3_ Metaphor Trends in Contemporary Iranian Poetry, by Mina Mostafavi, Negima Pub. 2009

4_ Aesthetics in Arts & Nature, by Alinaghi Vaziri, Hirmand Pub. 1984

5_The Little Mermaid by Abdolali Dashgheyb, Amitis Pub. 2006

6_ The Text-Structure & Textural Interpretation Vol. 1/ Babak Ahmadi, Markaz Pub. 2012

ادامه ___ کدام نسخه از کتب مربوطه؟

منابعی که به طور مستقیم در این کتاب به آنها استناد شده، عبارتند از:
یک) کتاب هایدگر و شعر، سودیپ سین در دنیای شعر چه کارهایی می کند؟ اثر تامس کنسیس نسخه انتشارات دانشگاه لاتیوا، سال 2015 میلادی
دو) کتاب نقد شعر فارسی در پاکستان و هند، اثر ظهورالدین احمد، نسخه انتشارات مرکز تحقیقات فارسی ایران و پاکستان سال 1374 ه. ش.
سه) کتاب سیر استعاره در شعر امروز ایران، اثر مینا مصطفوی، نسخه انتشارات نگیما سال 1388 ه. ش.
چهار) کتاب زیباشناسی در هنر و طبیعت، اثر کلنل علی نقی وزیری، نسخه انتشارات هیرمند سال 1363 ه.ش.
پنج) کتاب پری کوچک دریا درباره فروغ فرخزاد، اثر عبدالعلی دستغیب، نسخه انتشارات آمیتیس سال 1385
شش) کتاب ساختار و تاویل متن جلد یکم، اثر بابک احمدی، نسخه انتشارات مرکز سال 1391

Cont. Which edition of related books?

7_ Rightful Poem Unmasked Poem, by Abdolhosein Zarinkoub, Javidan Pub. 1984

8_ Poetry Language in Sufi by Mohamad Reza Sh. Kadkani, Sokhan Pub. 2013

9_ Fiction in Persian Poetry by Mohamad Reza Sh. Kadkani, Agah Pub. 1996

10_ Booklet of Similes in poetry, by Shapour Najafi, Avaye Buf Online Library, 2019

11_ Booklet of Poetry Criticism, by Ehsan Tabari, Avaye Buf Online Library, 1983

ادامه ___ کدام نسخه از کتب مربوطه؟

هفت) کتاب شعر بی دروغ شعر بی نقاب، اثر غلامحسین زرینکوب، نسخه انتشارات جاویدان سال 1363

هشت) کتاب زبان شعر در نثر صوفیه، اثر محمدرضا شفیعی کدکنی، نسخه انتشارات سخن سال 1392

نه) کتاب صور خیال در شعر فارسی، اثر محمدرضا شفیعی کدکنی، نسخه انتشارات آگاه سال 1375

ده) جزوه تشبیهات در شعر، اثر شاپور نجفی، نسخه وبسایت آوای بوف سال 1398

یازده) جزوه نقد شعر، اثر احسان طبری، نسخه وبسایت آوای بوف سال 1362

Zagros mountains oak & poetic oak

We, the native residents of Zagros mountains, are connected with and interested in oak trees. We enjoy when we see oaks are greener & fresher. We feel miserable when we see oaks are affected by fungal diseases (Affection by such diseases occurs a lot because of wrong treatments by environmental Gov. authorities, and also because of ignorance and lack of governmental engineering control over home building industry). When my relatives –nomadic people- travel from a mountain to another mountain, they kiss oak trees good bye. They even promise oak trees to visit them soon and never forget them.

A poet has the duty of creating a new oak that can be never found in Zagros mountains (Read this sentence twice). If a poet creates and describes an oak tree similar to Zagros oaks, we will tell her/him "Oh, no, we already had such an oak in reality, and we even had good quality photos of such an oak".
If a poet explains growing stages of an oak, we will tell her/him "Oh, no, stepwise description of growing steps and leave cell sample collecting in vasculum is the duty of plant biology scientists, not yours".

بلوط شاعر و بلوط زاگرس

ما زاگرس نشینان علاقه خاصی به درخت بلوط داریم. از تماشای سبز شدن بلوط لذت می بریم و از تماشای آفت قارچی برگ بلوط درد می کشیم (آفت زدگی و خشکی بلوط ها، به دلیل بی تدبیری مسئولان محیط زیست کشور و بی عرضگی مقامات دولتی و بی نظارتی بر ساختمان سازی، مکرر مشاهده می شود و برای ما اندوهبار است). وقتی بستگان من که عشایرند، کوچ می کنند، بلوط کنار سیاه‌چادر خود را می بوسند و از او خداحافظی می کنند و به او قول می دهند که زود برگردند و فراموشش نکنند.

شاعر وظیفه دارد در شعرش، بلوطی بیافریند که در هیچ کوهی از زاگرس یافت نشود. یک بار دیگر. شاعر وظیفه دارد در شعرش، بلوطی بیافریند که در هیچ کوهی از زاگرس یافت نشود. اگر شاعر در شعرش بلوطی شبیه بلوط زاگرس بیافریند، به او خواهیم گفت "نه، نه، این بلوط را که از قبل داشتیم و عکس با کیفیت از بلوط نیز"

اگر شاعر مراحل رشد بلوط را برای ما در شعرش شرح دهد، به او خواهیم گفت "نه، نه، تشریح مراحل رشد و نمونه برداری از سلول برگ بلوط، وظیفه دانشمندان زیست شناس گیاهی است، و نه وظیفه و رسالت شما"

Cont. Zagros mountains oak & poetic oak

In the book Rightful Poem, Unmasked Poem by A. H. Zarinkoub, page 40 we read "Among art fields, painting and stonework stereotomy relate to copying from natural scenes. Poetry & music are less related to copying things from the nature, specifically poetry. If a poet tries to copy & demonstrate a part of nature as it is in nature, he/she is doing something low grade, incomplete and weak. As Georg Wilhelm Hegel once said, such a poet is similar to an earthworm that tries to crawl and follow elephants' style of crawling and walking"

In the book The Text Structure and Textural Interpretation Vol. 1 by Babak Ahmadi page 37 we read "When a honey bee finds a new sweet grass, it moves its wings in a dancing way, to notify other bees. This dance is its signal. Other bees are signal interpreters. Charles W. Morris convinces us that such a simple and successful communication cannot occur among humans, because, unlike bees, we humans have the ability to create contact methods beyond individual contact methods, and it is called thinking. Thinking ability gives a number of humans to interpret one signal (one poem) into a number of ways.

ادامه _____ بلوط شاعر و بلوط زاگرس

در کتاب شعر بی دروغ شعر بی نقاب اثر غلامحسین زرین کوب ص 40 می خوانیم "از بین هنرها، نقاشی و حجاری، بیشتر با تقلید سر و کار دارند. شعر و موسیقی کمتر. مخصوصا در شعر، تقلید هنرمند- که می کوشد خود را هر چه بیشتر به طبیعت نزدیک اند- تقلیدی است ناقص. در چنین حالی، شاعر به قول هگل، شباهت به آن کرم دارد که هنگام خزیدن خویش، می خواهد از فیل تقلید کند"

در کتاب ساختار و تاویل متن جلد یکم اثر بابک احمدی ص 37 می خوانیم "هر گاه زنبوری گیاهی شیرین بیابد، بال های خود را به گونه ای خاص تکان می دهد و می رقصد تا دیگر زنبور ها را متوجه کند. اینجا رقص نشانه است. دیگر زنبورها تاویل کنندگان آن نشانه اند. واکنش آنها به دلیل تاویل رقص زنبور موضوع تاویل است. آنچه به سویش کشیده می شوند، مدلول است و موقعیت آنها زمینه است. به نظر موریس چارلز، در مورد انسان، موضوع تاویل معمولا موجب واکنشی شرطی و فوری و زنبوری نمی شود. چرا که توانایی فرد در تولید نمادهایی فراتر از زبان فردی، یعنی اندیشه، به او امکان می دهد تا نتیجه را برای خود مطرح کند"

Cont. Zagros mountains oak & poetic oak

Why do you think not-meaningfulness of poetry is so important? Is it worth writing a book? Why did not you expand it to literature criticism in general? Let's answer such possible questions by a story. There is a story in many literature documentaries with some different scenes. I summarize the key part. A 40 years old man was riding bicycle & passing police check point at a border line, aiming to go from country A to country B. His passport, Visa & documentation were OK & valid. He had almost 40 Kg soil in both sides of his bike saddle bag. The officer put his hand in the soil & found nothing. Drop the chain, let him go. Next week, the same event occurred. Same man with soil on a bicycle arrived at the check point, waiting. The officer asked a soldier to help & spread the dust on a moquette floor. Drop the chain, let him go. 3rd week, 4th week & so on. The officer was suspicious but unable to find a reason to charge him. Finally, he asked: Tell me, are you doing something illegal around here? Man: If you promise not to punish me, yeah. Officer: Are you carrying valuables in soil? Man: No, but last year I heard in our neighboring country, bicycles are 3 times more expensive than our country. I illegally take 1 bicycle per week there, and I make a good money.

ادامه ________ بلوط شاعر و بلوط زاگرس

مگر این مساله پرداختن به معنای شعر چقدر اهمیت دارد که برایش کتاب بنویسیم؟ بهتر نبود قدری کلی تر و مثلا راجع به نقد ادبی در معنای عام، کتاب می نوشتی؟ بگذارید با یک حکایت به این پرسش های احتمالی پاسخ بدهم. داستانی در مستندهای مختلف و با قدری تغییرات هست، که خلاصه اش می کنم. یک مرد چهل ساله با دوچرخه از پاسگاه مرزی عبور می کرد و از کشور الف به کشور ب می رفت. پاسپورت و ویزا و سایر مدارکش معتبر بودند. مقداری خاک در حد چهل کیلوگرم در دو طرف خورجین دوچرخه حمل می کرد. پلیس مرزبانی دست کرد توی خورجین و خاک را بررسی کرد و چیزی نیافت و اجازه عبور داد. هفته بعد همین صحنه تکرار شد. همان مرد با مقداری خاک، سوار بر دوچرخه اجازه عبور خواست. پلیس با کمک سرباز خاک را روی موکت پهن کرد و چیزی نیافت. هفته سوم، هفته چهارم و بیشتر تکرار شد و هر دفعه پلیس مشکوک می شد و چیزی نمی یافت. بالاخره غرورش را زیر پا نهاد و از متهم (مرد چهل ساله) پرسید: کار خلاف قانون انجام می دهی؟ پاسخ داد: قول بدهی جریمه ام نکنی، بله. پلیس: داخل خاک چیز گرانقیمتی را حمل می کنی؟ مرد: نه، ولی پارسال خبردار شدم که قیمت دوچرخه آنطرف مرز سه برابر کشور (ادامه)

Cont. Zagros mountains oak & poetic oak

In this story, the officer was excessively focusing on soil & saddle bags. He ignored more important issues like illegal transport of bicycles. He failed in doing his main job, although he was present at his proper workplace, he knew the rules, and he used to work hard. He was spending time on each case & we cannot say he was a lazy officer. If we attend poetry meetings & we analyze a poem & we keep focusing on meaningfulness of that poem, we fail in doing the main thing. We underestimate lots of other aspects of the poem which is on on the table, waiting for our analysis.

In the book Heidegger on Poetry, What is Sudeep Sen for By Toms Kencis page 2 we read "Heidegger & Sudeep Sen both praised by their attension towards language and beyond, share discoveries regarding existence in destitute time, suspicion and finding traces that could let the man back to gods" While poetry has such a big mission, why sould we limit it to a narrow meaning?

ادامه _____ بلوط شاعر و بلوط زاگرس

... خودمان است، هر هفته دوچرخه به طور غیر قانونی و به آنطرف مرز می برم و سودی کسب می کنم. در این حکایت، پلیس به قدری به خورجین اهمیت داد، که از کار مهمتر، قاچاق، غافل شد و می توانیم بگوییم در کار اصلی اش شکست خورد، و در حالی شکست خورد که هم در محل کارش حاضر بود، هم قانون را می دانست و هم زحمت می کشید. برای بررسی هایش وقت صرف می کرد و یک فرد کم دقت و تنبل نبود. اگر ما با ادعای نقد شعر بنشینیم و از شعر طلب معنا کنیم و این را اولویت خود قلمداد کنیم، در کار اصلی یعنی نقد شعر شکست می خوریم و از پرداختن به چیزهای مهمتر درباره شعری که روی میز است، غافل می شویم. در کتاب هایدگر و شعر سودیپ سین در دنیای شعر چه کارهایی می کند اثر تامس کنسیس ص 2 می خوانیم "هایدگر و سودیپ هر دو درباره زبان شعر و فراتر از آن سخن گفته اند و از این لحاظ مورد اعتبار دهی و تحسین جهانی قرار گرفتند. این دو اندیشمند نکاتی درباره بقاء بشر در شرایط تلخ و دشوار کنونی، از جمله وضع تمدن بشر، شک گرایی، و ردگیری تمام تخیل و شاعرانگی ها تا رساندن تخیلات به مضمون خدایان باستانی بیان می کنند" پدیده ای ادبی که چنان ماموریت عظیمی دارد، چرا محدودش کنیم به معنا؟

Cont. Zagros mountains oak & poetic oak

Ancient Greek gods were gods with separated job descriptions, god of rain, god of love, god of oceans, god of wind, god of war, god of lying, god of sex, god of birds' food, god of skies, god of underworld, god of music, god of eternal texts, etc.

Those Gods which seem to be the first systematic classification of world powers and natural phenomena, are frequently quoted by philosophers when they discuss about poetry.

We are lucky because we live in the era of cinema and there are many films and TV series which explain ancient Gods in the best possible illustrated form and is helps us to easily communicate with philosophical texts about poetry.

ادامه ـــــــــــــ بلوط شاعر و بلوط زاگرس

خدایان باستانی در یونان، خدایانی با تقسیم کار بودند و خدای باران، خدای عشق، خدای دریا، خدای باد، خدای جنگ، خدای دروغ، خدای رابطه جنسی، خدای خوراک پرندگان، خدای آسمانها، خدای جهان دیگر یا جهان زیرین، خدای موسیقی، خدای جریده عالم، و غیره داشتند). آن خدایان که به نظر می رسد نخستین طبقه بندی سیستماتیک و نظام مند از نیروهای موجود در جهان و از پدیده های موجود در طبیعت باشند، به طور مکرر مورد استناد و مورد ارجاع فیلسوفان در مباحث شعری هستند.

ما خوش شانس هستیم که در دوران سینما زندگی می کنیم و فیلم ها و سریال های زیادی ساخته شده اند که خدایان باستانی را توضیح می دهند و برای این کار از بهترین شیوه های تصویر سازی و هنری استفاده می کنند. این مساله به ما کمک می کند که آسان تر با متون فلسفی که ماهیت شعر را تشریح کرده اند، ارتباط برقرار کنیم و آنها را درک کنیم.

Cont. Zagros mountains oak & poetic oak

Some poets (claimed to be poets) and authors in the history, tried to eliminate imagination parts of poem and create poetry by using ordinary talking phrases, and rearranging those words for giving it a rhythm & a form. They failed to do it. Examples are realism poets in Europe in 18th & 19th centuries & Iranian Mashrouteh era (constitutional rev. era) poets. They worked really hard to make new poems without adding imaginative phrases. They included real life events only, they tragically failed to go beyond daily speech and natural language on streets. They failed to gain any seat in the shining palace of great poets in human history.

If you need phrases with exact meaning so badly, get out of poetry discussions & read chemistry or math for example.

ادامه ______ بلوط شاعر و بلوط زاگرس

برخی ها در طول تاریخ سعی کردند عنصر خیال و بیان غیر واقعی را از شعر حذف کنند و با عبارات عینی و فقط با دادن وزن و ریتم و قافیه به جملات، شعر بسرایند. این تلاشگران ناکام ماندند، از جمله شاعران رئالیسم در اروپا در قرن 18 و 19 میلادی و دهها نفر شاعران ایرانی در دوران مشروطه. آنها سعی کردند بدون خیال پردازی و با عرق ریختن و زحمت در بحث قافیه و ردیف سازی، خود را خسته کنند و واقعیات روزمره با شعر بیان کنند، و چقدر حقارت بار بود این تلاش، و چه بیراهه بود این راه. آنها هرگز نتوانستند کلامی برتر از کلام گفتگوی روزمره بیافرینند. آنها هرگز برای ورود به قصر بلند شاعران نامدار در تاریخ بشر، کلیدی برای خود نساختند.

اگر جزو کسانی هستی که اصرار دارید از یک بیت شعر معنای دقیق و مشخص تحویل بگیرید، بهتر است از مباحث شعری خود را دور نگه دارید و مثلا مباحث شیمی یا ریاضیات را دنبال کنید.

Cont. Zagros mountains oak & poetic oak

In the booklet of Poetry Criticism by Ehsan Tabari page 9, we read

"Interesting words I remember from Russian poet Michael Soh, about being creative, even when you say a poet about very normal and old ideas. What are you afraid of? Are you scared of talking about multiplication table? It's fine, you are poets and you did not invent the idea of 9 x 9 equals to 81. You are poets and you did not invent the idea of loving your homeland. It's all OK and understandable, but you must describe these old things in your poetry in new styles. Otherwidse you will look like a person who keeps making old fashionned wooden bicycles, unaware of the fact that modern iron bicycles are being made since a long time ago. This concept of being creative, is the same thins as described by Berthold Brecht as making familiar thins to be strange things. In French literature, it is called separating from the past. All these concepts generally ask you poets to retell an ordinary thing in a way that it can be still exciting & new & worth to be curious for"

ادامه _____ بلوط شاعر و بلوط زاگرس

درجزوه نقد شعر احسان طبری ص 9 می خوانیم

"میخائیل سوهتلوف درباره ضرورت نو آوری و ابداع حتی در بیان اندیشه های کهنه و عادی در شعر می گوید: از چه باید ترسید؟ از جدول ضرب؟ شما شاعران که 9 در 9 میشود 81 را اختراع نکرده اید. شما که (وطن را باید دوست داشت) را اختراع نکرده اید. ولی باید آن را طوری عرضه دارید که نو باشد و الا مانند کسی خواهید بود که دارد دوچرخه چوبی می سازد، حال آن که بیچاره خبر ندارد که دوچرخه های آهنی مدتهاست که در جهان وجود دارند. این نوگویی همان چیزی است که برتولت برشت آن را غریب سازی می نامد و در فرانسه به آن فاصله گذاری می گویند، یعنی بیان یک حادثه مانوس و عادی و آشنا به نحوی که باز هم حیرت و کنجکاوی مخاطب را برانگیزد"

Cont. Zagros mountains oak & poetic oak

Should we really consider meaningfulness as a secondary issue in poetry? Yes. Let's take water as an example. Water is available for us, humans. Sometimes we use water for agriculture. Sometimes for laundary, sometimes for drinking. When we use water for drinking (compared to the water of farmlands) path of movement of water is different, quality of water is different, and its influence is also different. We accept all these differences and we do not resist it. We do not argue on it. We may look at words & phrases in talking languages the same way. Sometimes we use words (like water) for day-to-day conversations, including taking a taxi, going to an airport, saying welcome to a new hot neighbor, for flirting purpuses and so on.
Sometimes we use words to write our new novel books. Sometimes we use words (or water) to write poems, and let's consider this difference as an obvious fact. Same as what we do for water quality. Let's repeat to ourselves: In poetry, meaning is a sided matter. Let's chant this phrase: Long live ambiguity. Long live ambiguity. It's not needed to dislike ambiguity so much. It's not the big devil. Ambiguity is a pretty angel, as the Devil himself once was.

ادامه _____ بلوط شاعر و بلوط زاگرس

آیا واقعا باید معنای شعر را یک مساله فرعی و نیمچه مهم و غیر محوری بدانیم؟ بله. آب را مثال می زنم. آب در اختیار ما انسانهاست و گاهی با آب کشاورزی می کنیم. گاهی با آب لباس می شوییم. گاهی از آب برای نوشیدن استفاده می کنیم. وقتی که از آب برای نوشیدن استفاده می کنیم (نسبت به آب کشاورزی) هم نحوه حرکتش و هم کیفیتش و هم نحوه اثرگذاری اش فرق دارد و ما این را بدیهی می دانیم و هیچ اعتراضی نداریم. یقه همدیگر را نمی گیگیریم. در خصوص واژه ها و زبان نیز همینطور نگاه کنیم. گاهی از واژه ها (یا آب) برای گفتار روزمره مثل تاکسی گرفتن و فرودگاه رفتن و خوشآمد گویی و لوس بازی با همسایه خوش هیکل خوشگل جدید استفاده کنیم. گاهی از واژه ها برای نوشتن رمان استفاده کنیم. گاهی از واژه ها (یا آب) برای نوشتن شعر استفاده کنیم و این را بدیهی بدانیم، مثل کیفیت آب. با خودمان تکرار کنیم که در شعر، معنا یک مساله غیر محوری و فرعی است. این عبارت را فریاد بزنیم: زنده باد ابهام. تکرار کنید. زنده باد ابهام.

از ابهام گریزان نباشید. ابهام شیطان مجسم نیست. ابهام یک فرشته زیباست، درست مثل خود شیطان.

Poets without poems

One of duties of a poetry critical reviewer is to help the poet in discussion to improve her/his poems. Another duty is to identify persons with very little poetic talent in the selected style, and asks them to stop their existing journey in poetry's world, and to find their suitable style of poetry elsewhere. A poet may write in several styles including quatrain, cinquain, epic, acrostic, blank verse etc. and a critical reviewer may say "You'd better spend more energy on blank verse, because you are more talended in this category" Another duty for a critical reviewer is to say to a poet "You have no ability to become a poet, it's better for you to stop it & try one of other arts"

Opposite to this status is also expected. A critical reviewer may find poetic talent in persons who have no claim in poetry, for example in daily talks with a shop keeper, in phrases of a taxi driver, in dialogues with an engineer etc. If so, the critic has a social and moral duty to spend time and convince him/her to step forward and learn about poetry and understand poetic features. Why not?

شاعران بدون شعر

یکی از وظایف منتقد این است که به رشد کیفیت شعرهای شاعر مورد بحث، کمک کند. یک وظیفه دیگرش، ریختن کوه بر ریل فعلی مسیر و توصیه به او، که یک ریل دیگر برگزیند و استعدادش را در سبک دیگری از شعر پی بگیرد. مثلا فردی هم مثنوی سرا و هم رباعی سرا و هم سپید سرا باشد. منتقد بگوید: در رباعی موفق تر می شوی، به شرط این که ذوق و انرژی ات را بیشتر در مسیر رباعی صرف کنی. وظیفه دیگر منتقد این است که به فرد بگوید: تو توان شاعر شدن را نداری و داری خودت را خسته می کنی، و بهتر است سراغ هنر دیگری بروی و شعر را به اهلش وا گذاری. برعکس این نیز رخ می دهد و جزو وظایف منتقد است. یعنی ممکن است یک منتقد شعر در مکالمات روزمره به فردی بر بخورد که هنگام کاری غیر شاعرانه، مثل آموزش رانندگی، کلامی دلنشین و تا حدی موزون و سرشار از استعاره و تلمیح دارد. ممکن است منتقد شعر هنگام خرید از یک پرده فروشی به شاگرد مغازه ای بر بخورد که از هر جمله اش پنج مدل خیال پردازی و شاعرانگی بریزد. در این گونه مواقع، منتقد شعر وظیفه اجتماعی و هنری و اخلاقی دارد که وقت بگذارد تا آن فرد (افراد) را قانع کند که به سراغ وادی شعر بیایند و شعرهایی بسرایند و نقد بشوند و شکوفا بشوند.

Cont. Poets without poems

In the book Aethetics in Art and Nature by Alinaghi Vaziri page 73 we read "Many poets lived whole their life without writing a poem officially. Poem is not only form and rhythm. Over the history, many persons were prose writers at first, then they added poetic features to their writings, and became great poets, including Jacques-Bénigne Bossuet, François René de Chateaubriand, Anatole France and others. Ali Dashti & Mohamad Hejazi Iranian authors did not publish any poetry book but their prose works are full of poetic language"

It is the moral duty of poetry lovers & poetry critics and poetry supporters to find potential poets of future in human society and encourage them to write their poems and practice for improving.

Any person with the ability to use poetic features in his talks, is a potential poet, even if he/she totally refuses it. Do you know such persons around you?

ادامه ___ شاعران بدون شعر

در کتاب زیبائی شناسی در هنر و طبیعت اثر کلنل علینقی وزیری صفحه ۷۳ می خوانیم "چه بسیار شعرا که هرگز شعری نسروده اند. شعر ورای نظم و شاعری، و غیر از ناظم کلمات بودن است. چه نثر نویس ها که با ابداع معانی و طرز بیان، چنان خرد و ذوق را به کار انداخته، که از شاعران بزرگ محسوب گشته اند، ژاک بنینی بوسوئه، شاتو بریان، و آناتول فرانس از این قبیل اند. علی دشتی و محمد حجازی نویسندگان معاصر ایرانی، هیچگاه شعر نسروده اند، با وجود این، از بسیاری جهات، شاعرانی هستند، برتر از بسیاری از شعرای معاصر" نظر کلنل را خیلی های دیگر نیز بیان داشته اند. یک منتقد هنر، که خود نیز هنرمند است، بایستی بتواند راه هایی بیابد و به این جور افراد کمک کند که در مسیر شاعری قرار بگیرند و به جای شاعران بی کتاب، به شاعرانی کتابمند تبدیل شوند و بر سلسله جبال عظیم شعر در ایران و جهان بیفزایند. بازی های زبانی، خلاقیت، تصویر سازی بدیع، زیبایی و دلنشینی کلام، تحریک عواطف و سایر شاعرانگی ها، در سخن هر کس که دیده شود، او شاعر است، حتی اگر خودش این ادعا را نداشته باشد. چنین افرادی می شناسید؟

Cont. Poets without poems

A friend of mine, Mohamad Jalali went from Ahvaz to Abadan. He got arrested by head of police department, Colonel Nakisa Pour. Police said: Introduce yourself. Mohamad said nothing, he just quickly closed and opened his eyes more than 20 times. Police: What are you doing? Are you sending a secret signal or a Morse code message or something? Mohamad: No sir. I am just saying a poem. Police: Yeah, OK, if your poem is good, I may change my mind and drop the charges. Mohamad: I heard you are so kind, You are a symbol of forgiveness, people like you hard to find, you are famous for hospitality in Abadan, and I'm a guest to Abadan. Police: Do not play here, do not claim to be clever, even if you are like Rustam hero, in here you are brought to knee. Then he sent Mohamad to jail, sadly (and after 3 years, he is still in hail).

These two gentlemen got talent to become poets. The duty of literature societies is to find and support them. If they do not take it seriously, the suggestion should be repeated, in better and more effective ways. Is there a good way?

ادامه ___ شاعران بدون شعر

یکی از دوستان من محمد جلالی از اهواز به آبادان رفت. آنجا توسط رئیس پلیس (سرهنگ نکیسا پور) دستگیر شد. پلیس گفت: خودت را معرفی کن. محمد فقط چشمهایش را به سرعت باز و بسته می کرد. پلیس: چی کار می کنی تو؟ داری کد مورس و سیگنال محرمانه می فرستی؟ محمد: نه قربان، دارم شعر می گویم. پلیس: اگر شعر تو خوب باشد، تو را آزاد خواهم کرد. محمد: شنیدم مهربانید گل و آقا و نازید، اگر بخشی بگویم، بسی مهمان نوازید. (بخشی = اگر ببخشبد و جرم مرا ثبت نکنید) پلیس: نکن بازی، نکن حس زرنگی، که گر حتی شوی چون رستم زال، به نزد من ذلیلی و می لنگی. بعد هم محمد را به زندان فرستاد متاسفانه. (و بعد از سه سال، هنوز در زندان است) این دو نفر هر دو استعداد شاعری دارند و تلاشی برای شاعر شدن نکردند. وظیفه انجمن های ادبیاتی و منتقدان شعر در مواجهه با چنین افرادی چیست؟ تشویق آنها به شاعر شدن. و اگر مقاومت کنند چه؟ تشویق دوباره و یافتن راهی برای باورپذیر کردن این درخواست و بیان مجدد به طور محترمانه تر. در برخی موارد این افراد حس می کنند قضیه جدی نیست و کار گره می خورد و دشوار می شود. ولی به هر حال، بهتر است به طریقی آنها را با دنیای شعر آشتی داد. راهکار دارید؟

Cont. Poets without poems

In the film Dead Poets Society, when John Keating wants to motivate students to write a poem, and to respect poets, and to stop making fun with poetry and poetic language, he says:

"We don't read and write poetry because it's cute. We read and write poetry because we are members of the human race. And the human race is filled with passion. And medicine, law, business, engineering, these are noble pursuits and necessary to sustain life. But poetry, beauty, romance, love, these are what we stay alive for. Cities filled with the foolish; what good amid these, O me, O life? Answer. That you are here - that life exists, and identity; that the powerful play goes on and you may contribute a verse. What will your verse be?"

Keep this dialogue as a good reasoning example, to convince a potential poet to become a real poet.

ادامه ___ شاعران بدون شعر

در فیلم انجمن شاعران مرده، وقتی جان کیتینگ می خواهد دانشجوها را ترغیب کند که شعر بسرایند، و تمسخر شاعران را فورا تمام کنند، می گوید "ما شعر نمی سراییم به این دلیل که شعر زیباست. بلکه شعر می گوییم چون ما فرزندانی از نوع انسان هستیم. ما سرشار از شور و اشتیاق و احساسیم. رشته پزشکی، حقوق، تجارت، مهندسی، و سایر دانش ها با شکوه و مهم اند و حتی باعث می شوند جان انسان ها را نجات دهند. اینها درست و منصفانه است، ولی شعر، زیبایی، عشق، دوست داشتن، اینها چیزهایی هستند که ما به خاطرشان می خواهیم زنده بمانیم. انگیزه زنده ماندن ما این چهار چیز است. می گویند جهان و کشورها و شهرها پر از جنایت و نفرت و کارهای احمقانه است و چیزهای خوبی در مقابل این همه چیزهای بد در جهان نیست. آیا نداریم؟ شما هستید، ما هستیم، زندگی جاری است، هویت داریم، کسی و کسانی هستیم، نمایش با شکوه زندگی و شعر ادامه دارد. شما می توانید بیتی بر این منظومه شعرهای جهان بیفزایید. بیت شما چیست؟"

این دیالوگ را داشته باشید و برای قانع کردن شاعرهای احتمالی و بالقوه دور و برتان، به کار بگیرید.

Cont. Poets without poems

In you enter a real estate office and you see a coordinator is rearranging files of many houses, watch his/her way of talking. If she/he tells the first customer “welcome here” and to the 2nd customer “I’ll help you find a home for a truly peaceful life” and to the 3rd customer “I’m proudly glad you chose to receive our services” and to the 4th customer “forget your previous bad experience of selling home, give it to the winds, we’ll fix it” then he/she is a poet. He/she used non-repeative phrases. She/he used different phrases for different customers. Convince him/her to join poetry societies and develop poetry experiences. If he/she doesn’t agree, ask him/her to write names of 10 top singers. Now say “two news, one bad, one good, bad one is that if no poet existed, such great voices would disappear and remain unknown”

- And the good news is?
- The good news. Poets existed in human history and said poems for singers.

- You finished giving both news. But you are still in the gesture of more talking. Why so?
- The 3rd news is that you got poetry talent and you can do the same for future singers.

ادامه ـــ شاعران بدون شعر

اگر وارد یک بنگاه املاک شدی و دیدید که بنگاه دار فایل های مشخصات هر خانه را بالا و پایین می کند و به اولین مشتری می گوید "خوش آمدید" به دومی می گوید "برای یافتن خانه ای که آرامش دهد در خدمتتانم" به سومین مشتری می گوید "خرسندم که بنگاه ما را برگزیدید" و به چهارمی می گوید "تجربه بد قبلی تان در معامله خانه را به گوش باد بسپارید و خیالتان تخت" به او تبریک بگویید. چون او زمینه های شاعری را در کلام خود دارد. به چهار شیوه خوش آمدگویی کرد. او را قانع کنید که دو هفته ای یکبار به نشست های انجمن شعر در شهر یا روستای تان سر بزند و فقط شنونده باشد. اگر قانع نشد، فهرستی از خواننده های خوش صدا از نظر خودش را بپرسید و بگویید "دو خبر دارم، یکی خوب و دیگری بد. خبر بد این که اگر شاعرها نمی بودند، این صداهای ناب و قشنگ، همه در حاشیه می ماندند و عمر صاحب صدا ها به انتها می رسید و از هنر آنها محروم می ماندی"

- و خبر خوب؟ -خبر خوب این که شاعرها در جهان بودند و شعر سرودند برای خواننده ها.
- هر دو خبر را که گفتی، چرا هنوز جوری نگاه می کنی که می خواهی چیزی بگویی انگار؟
- خبر سوم این که تو با استعداد شاعری ات می توانی همین خدمت را به نسل بعد ارائه بدهی.

Cont. Poets without poems

Dante Alighieri was writing his Divine Comedy; he reached the main gate of the hell. He wondered, behid this door, in the very hell, I will see strange things. Many people will ask me why they ended up in hell. Poor victims, not able to speak. They will just painfully look into my eyes, and I will need to read it. Dead ones will ask about situation of alive ones at home. Subjects of terrible tortures will beg me and will ask me to talk to God and get permission for them to sleep for minutes. Dante was predicting all those difficult discussions. He needed a consultant. He needed to enter the hell with a guide, able to speak in such hard conditions. He made a list of great people in history. Finally, he decided to ask Virgil Roman poet to assist. Virgil accepted and helped Dante. They finished touring the hell. They both walked towards heaven main gate. Two questions I ask from Dante?
Why didn't you take Virgil in heaven? Why did you say to him that entry of poets in heaven will cause some troubles?

A more important querry. Why di you, Mr. Dante, name your book as Divine Comedy? Is there any non-comedy divine thing? Is there any non-comedy religion in history?

ادامه ــــ شاعران بدون شعر

وقتی دانته آلیگیری ایتالیایی کمدی الهی اش را می نوشت، رسید به دروازه جهنم. با خود اندیشید که پشت این دروازه، در جهنم چیزهای بس عجیب خواهم دید. افراد زیادی سوال دارند از علت جهنمی شدن شان. افرادی از شدت عذاب قادر نخواهند بود حرفی بزنند و فقط دردمندانه نگاهم خواهند کرد. افرادی می خواهند احوال بازماندگان شان بر روی زمین را شرح دهم. افرادی التماس خواهند کرد تا نزد خدا ریش گرو بگذارم تا بگذارد چند دقیقه بخوابند. دانته با خود اندیشید که چه کسی را در این سفر دشوار همراه خودش ببرد که توان سخن گفتن و توان فهم ناگفته ها را داشته باشد. فهرستی از بزرگان تاریخ را بررسی کرد و در نهایت به نتیجه رسید که ویرژیل شاعر رومی از عهده این کار بر خواهد آمد. ویرژیل پذیرفت و خالصانه به دانته در این سفر کمک کرد. دو سوال از دانته داریم. چرا پس از چرخیدن در سالن های جهنم، وقتی به دروازه بهشت رسیدی، ویرژیل را با خودت نبردی و گفتی که ورود شاعران به بهشت مساله ساز خواهد شد؟ سوال مهمتر. چرا نام کتاب را کمدی الهی گذاشتی؟ مگر الهیات غیر کمدی هم داریم؟ مگر دین با محتوای غیر کمدی و غیر مسخره هم در تاریخ بشر یافت می شود؟ هان؟

Cont. Poets without poems

Jane Kenyon (died 1995) American author says "The poet's job is to put into words those feelings we all have that are so deep, so important, and yet so difficult to name, to tell the truth in such a beautiful way, that people cannot live without it"

In science documentaries about jobs that will be occupied by robots in future, many jobs are added year by year. Many jobs, even jobs of pilots & engineers and TV news anchors are at risk, but for poetry job, no robot will be a good candidate.

You may use all such points to convince a non-poet with talent to become a poet and take his potentials seriously.

These arguments and examples are just few of many. You can create your own style of argument and proposal. Do it for the sake of poetry, the almighty art of words.

ادامه _ شاعران بدون شعر

جان کینیان نویسنده آمریکایی می گوید "کار شاعر این است که آن حس هایی که عمیقا تجربه می کنیم ولی قادر به بیان شان نیستیم، را به واژه تبدیل کند. شاعر تلاش می کند حقایقی را بازگو کند و بازگویی اش به قدری زیبا و دل انگیز باشد که انسان هایی بگویند: بدون شعر زیستن نتوانم"

در مستندهای علمی، اشاره می شود به فهرست شغل هایی که در آینده نزدیک از انسانها گرفته می شود و به روباتها و به هوش مصنوعی سپرده می شود. برای بسیاری از شغل ها، حتی شغل خلبان ها، مهندس ها و مجری های تلویزیونی، این ریسک وجود دارد. ولی برای به عهده گرفتن کار شاعران، هیچ روباتی کاندید نخواهد شد.

از تمام موارد این چند صفحه اخیر می توانید بهره بگیرید و برای قانع کردن افرادی که شاعر نیستند ولی به نظر شما، استعداد شاعری را دارند، استفاده کنید. قانع شان کنید شاعر شوند. شور و شرر به پا کنند. به شیوه خودتان چیزهایی بر این استدلال ها بیفزایید. به خاطر شعر، این هنر متعال و آفریننده و رحیم و رحمان واقعی. هرگز بیخیال شاعران بدون شعر نشوید.

Influence of poetry on engineering etc.

Considering old poetic attitude of creativeness, and imagining many non-existing things by poets, it is reasonable to guess that eye glasses, hearing aid, artificial human leg, building elevator and other modern engineering products were first imagined by poets and then engineers took the dreamlike ideas and made it real.

In the book Aethetics in Art and Nature by Alinaghi Vaziri page 33 we read "A medieval historian Émile Mâle said: societies do not invent or discover things; all is done by individuals. If we could keep historical evidence for all events and all ideas and details in history, we could go back to the first great thinker behind every innovation, and we could even prove that he/she was an artist mainly"

Is it convincing for you to agree with the idea claimed by Émile Mâle?

تاثیر شعر بر اختراعات مهندسی

با توجه به کهن بودن ویژگی خلاقیت شاعران و با عنایت به تخیل شاعران در امور نا موجود جلوی چشم بشر، شاید عینک، سمعک، پای مصنوعی و آسانسور و غیره قرنها پیش از طراحی توسط مهندسان و پزشکان، در شعر شاعران آمده باشند و بذر این نوآوری ها توسط شاعران کاشته شده باشد.

در کتاب زیباشناسی در هنر و طبیعت اثر کلنل علینقی خان وزیری ص 33 می خوانیم "یک مورخ قرون وسطی، امیل مال، می گوید: جماعات خلق نمی کنند (جامعه ها، طایفه ها، شهرها، کشورها چیزی را کشف و اختراع نمی کنند)، بلکه افرادند که کشف و اختراع می کنند، اگر تاریخ را بهتر می دانستیم (و اگر همه کارها و همه رخدادها و همه سخن های بشر ثبت و مکتوب می شد)، آنوقت در ابتدای هر اختراعی، یک صاحب فکر بزرگی را می یافتیم. او به ویژه هنر (مثل شعر) را واسطه لازم میان عقل بشر و عقل کل می دانست"

آیا سخن امیل مال برای شما قانع کننده و مجاب کننده است؟

A jury panel from all nations

Imagine a competition is planned. Imagine jury panel is formed by members from all countries on Earth, all nations, including France to Japan, Ukraine to Egypt, Iran to Switzerland, and Kuwait to Qatar and so on. The scope of competition to be: What is the strongest phrase for praising and respecting an athlete? It will be hard to choose. On the table of such a jury panel, there will be statements where a goalkeeper is compared to an eagle. There will be newspaper copies where a head coach is called a surgeon doctor because he/she did a good surgery and removed weaknesses of a football team. There will be TV anchors who once said Mr. X passed through 4 defenders precisely just like a good engineer. There will be candidates who reported a match and used the phrase "turning around just like sea waves" for a good wrestler and "jumped like a panther" for a gymnast. Websites will be short listed who wrote "goalkeeper moved like a dancer movement and controlled a heavy penalty kick". Who deserves to be the winner? None, because a much stronger and more respectful phrase exists. Ronaldinho Gaúcho was called The Poet of Football & there is nothing to be greater than such a statement for an athlete/athletess. Representatives of all nations will agree on that.

داوران مسابقه ای از ملت های جهان

اگر داورانی از همه ملت های جهان، از فرانسه تا ژاپن، از اوکراین تا مصر، از ایران تا سویس، از کویت تا قطر و غیره را در هیات ژوری یک مسابقه بگنجانیم تا قویترین سخن برای تحسین و احترام به یک ورزشکار را برگزینند، کار سختی خواهد بود. روی میز آنها عباراتی خواهد بود که یک دروازه بان را به عقابی تشبیه کرده باشند. تیترهای خبری خواهد بود که سرمربی ای را با پزشک جراح مقایسه کرده باشند، چرا که توانسته ضعف بدنه تیمش را درمان کند. تحلیلگرانی خواهند بود که عبور توپ از بین چهار مدافع را یک مهندسی دقیق نامیده باشند. مجریانی مورد بررسی خواهند بود که چرخش کشتی گیر روی تشک را به موج دریا و پرش ژیمناست را به پلنگ نسبت داده باشند. وبسایت هایی خواهند بود که گرفتن پنالتی را به رقص آمدن دروازه بان در لحظات دشوار بنامند. ولی در نهایت کدام عبارت برنده خواهد شد و گوینده اش را در پایان آن مسابقه، پولدار خواهد کرد؟ هیچکدام. چون در دقایق آخر مسابقه، به گمانم یک نفر خواهد گفت "رونالدینهو را شاعر فوتبال دانستند و هیچ چیز نمی تواند از این تحسین، احترام آمیز تر باشد" نمایندگانی از همه ملت ها، احترام آمیز بودن این حرف را تایید خواهند کرد.

Poetry criticism samples/ancient texts

In the book Criticism of Persian Poetry in Pakistan & India. By Zahuredin Ahmad page 19 to 26 many examples of poetry criticism from ancient texts are added. The examples are correct and short form of poetry criticism. He mentioned referrences & addressee of each analysis, and I do not repeat those details. I just copy few of his plenty examples:

The poem is like star-faced girls & pleasant as David's voice.

The poem is great, I may be not allowed to call it a miracle, but I call it perfect and divine.
The poem is bad. The poet's language is full of stupid and useless phrases.

The poem is bad. I cannot see any beauty in it. He combined things that cannot make a poetic result.

The poem is good only by looking at its words. When I look at its overall body, it is shallow & low grade.

نمونه ها از نقد شعر در متون کهن

در کتاب نقد شعر فارسی در پاکستان و هند اثر ظهورالدین احمد صفحه های 19 تا 26 تعداد زیادی از سخنانی در متون قدیم گردآوری شده اند که مصداق نقد صحیح ولی کوتاه بر شعرها هستند. او برای هر عبارت، فرد نقد شونده و منابع آن سخنان را نیز ذکر کرده ولی من برای جلوگیری از اطاله کلام، در اینجا فقط خود عبارات را می گنجانم:

شعرش چون صورت زهره جبینان داود الحانی.
مصراع، معجزه گر نیست، کرامات هست. (اگر معجزه نیست، درست است که معجزه نیست ولی ...)
رطب و یابس در کلامش بسیار است. (یبوست آور، بی خاصیت، نا مفید)
شتر گربه در کلامش بسیار است. (با بی ذوقی چیزهایی را به هم ربط داده که شاعرانه نیستند)
با وجود تناسب الفاظ، سبک او خام می افتد.

Cont. Poetry criticism samples/ancient texts

He had no creative parts. He just compiled poetic features from others, but at the end, the general status of his poem is good.
He is a colorful poet, his words are carefully selected & said.
He was a knowledgeable and wise man in the past, his poems were beautiful, but due to being swell headed and selfish, people do not like him anymore.

Salty & good meanings with broken words and all new concepts can be seen in this poem. Yes, this poem is from him. He is writing poems from 40 years ago, but he is nor progressing. All his poems are wrong. Form & structure is good but concepts are not poetic.

Although this poem is precisely worded, but it is too complicated and not pleasant anymore.
His poems are good. His poems in youth were better structured, compared to his own poems in old age.

ادامه ـــــــ نمونه ها از نقد شعر در متون کهن

گر چه شعر او بسیار خام است، و همه مضمون دیگران، اما هیئت مجموعی دارد.
شاعری رنگین و نکته سنجی متین است.

جوانی بود صاحب فهم درست و اقسام شعر نیکو گفتی، اما از بس عجب و نخوت که پیدا کرده بود، از دلها افتاد.
نمک معانی و شکستگی الفاظ و عذوبت کلام و تازگی مضمون را با هم جمع نموده.
چهل سال درست شعر گفت اما همه نادرست. استخوان بندی او خوب اما بی مغز.

گر چه شعرش نهایت دقت دارد، اما از غایت پیچیدگی، مفقود از مزه و کیفیت گردیده.
اشعار او به رتبه است و واردات ایام شبابش به رتبه تر از منظومات هنگام شیخوخت است.

Cont. Poetry criticism samples/ancient texts

He is a brave and well talented poet. Sometimes he makes me smile.

He is not a knowledgeable man. He just tries to become a poet, while his couplets are not valuable.

Although many literature experts downgrade him, but I think his imaginations are excellent.

ادامه ـــــــ نمونه ها از نقد شعر در متون کهن

شاعری ظریف و بی باک، شوخ دهن، هجو گو و حاضر جواب بوده و پخته کار.

چون از سرمایه دانشوری عاری است، و صفت ایهام را بیمه گرفته، گاهی بخشی، و بلکه اکثر سخنش، با وجود تناسب الفاظ، خام می افتد.

هر چند اهل سخن را در زبان ایشان حرفهاست، اما واقعا بعضی خیالات به غایت پسندیده دارد.

Confusion in poetry is good & useful

In the book Poetry Language in Sufi by M. R. Sh. Kadkani page 62 we read "If I say (Today I went to Tehran Univerisity on a carriage) all my students will reject my claim. Because traffic methods in Tehran and other observations clearly tell them the truth. Now, Let's look at a couplet written in Shahnameh by Ferdowsi Tousi. He said (An iron mountain will melt like water, if it hears the big name of King Afrasyab). Over 1000 years, audiences read this poetic phrase and enjoyed it. Nobody challenged Ferdowsi by asking (Is there any real mountain in the world to be purely made of iron?). Even if such a montain exists, it is not alive and cannot hear you. Even if such a mountain exists & hears you, it doesn't make sense to hear a name & melt down. Although this couplet has no logical correctness, people enjoy it and keep reading it loudly, because it has artistic honesty. My sentence about my trip with carriage was much more reasonable than Ferdowsi's, but my statement was wrong & rejected. This is the power in poetry. Power of convincing you, even if it has lots of non-justifiable not wise elements"

ابهام در شعر، مطلوب و مفید است

در کتاب زبان شعر در نثر صوفیه اثر م. ر. شفیعی کدکنی ص 62 می خوانیم "اگر بگویم (امروز من به دانشگاه تهران با درشکه رفتم) تمام دانشجویانم دروغ بودن این گزاره را بدون کوچک ترین درنگی در می یابند. زیرا تمام قراین حال و مقام شخصی من و مساله ترافیک تهران و نبودن درشکه در این شهر، دلایل بیرونی و عینی در خصوص کذب بودن این گزاره است. ولی فردوسی (در شهنامه سترگش) هزار سال پیش گفته است (شود کوه آهن چو دریای آب / اگر بشنود نام افراسیاب). هزار سال است که تمام خوانندگان شاهنامه در برابر این بیت احساس التذاذ هنری می کنند و هرگز کسی نمی گوید که کوه آهن اصلا در دنیای واقعی وجود ندارد. حتی اگر بر فرض محال، کوهی از آهن وجود داشته باشد، چنین کوهی حیات و طبعا گوش برای شنیدن ندارد. بر فرض محال دیگر، اگر کوه حیات و گوش داشته داشته باشد و بشنود، هرگز از استماع نام افراسیاب، کوه آهن آب نخواهد شد. همان تسلیمی که ذوق مخاطبان این شعر در طول هزار سال گذشته در برابر زیبایی و تاثیر این شعر داشته، نشانه صدق هنری این گزاره است، ولی جمله (من به دانشگاه تهران با درشکه رفتم) از این ویژگی محروم است، با این که در تحلیل عقلی و از نظر امکان طبیعی، بسیار معقول و پذیرفتنی می نماید. جمله مرا دروغین می دانند و بیت فردوسی را صادق می دانند (صدق هنری).

Cont. Confusion in poetry is good & useful

I received a joke long time ago. "If you see a bear in a forest, do not move, just slowly sit on the ground, and look directly into the eyes of the bear in front of you. If you do that, the bear will like your behavior and will walk away and will not attack you. I guess this advice is given by the bear himself, because it looks very unsafe and strange to me".

Keeping this joke in mind, maybe criticizing poetry based on meaning of poems is done by sincere followers of Plato ancient Greek philosopher. Why Plato? Because he opposed poets & poetry. He encouraged people to stop reading poems. He wanted poets to be banished from all cities by force.

If we allocate a time for poetry criticism but we focus on meaning, we may ignore beauties of poetry. Such acts hurt the world of poetry in general. Do you still do such a bad thing? Do you think Plato is behind all these (wrong ways of criticizing and analyzing poetry)?

ادامه ـــــ ابهام در شعر، مطلوب و مفید است

قضیه مخالفان ماهیت شعر و تلاش آنها را جدی بگیریم. چند وقت پیش یک طنز می خواندم که نوشته بود "اگر در جنگل یک خرس دیدید، هیچ حرکت اضافه ای نکنید، آرام بنشینید روی زمین، و به چشمان خرس خیره شوید تا بدون حمله از کنار شما عبور کند، البته حدس می زنم که این توصیه را خود جناب خرس نوشته باشد، چون توصیه اش عجیب و مشکوک است" شبیه ماجرای خرس، و با در نظر گرفتن نقدهای نا وارد و نا درست بر شعر ها در طول تاریخ، حدس می زنم همه این منتقدها از شخص افلاطون فیلسوف یونان باستان مشورت گرفته باشند! جناب حاج افلاطون کلا با شعر و شاعری مشکل داشت و می خواست پرچم شاعران بر زمین افتد و علاقه مردم به شعر منهدم گردد. افلاطون گفته بود "شاعران را از شهرها اخراج کنید، و اگر مقاومت کردند، آنها را آزار دهید تا از پرداختن به شعر دست بردارند" وقتی دقایق نقد یک شعر صرف معنا می شود و از زیبایی های شعر غافل می مانیم، به دنیای شعر ضربه می زنیم، و وضع بدی پیش می آید و موجب اتلاف وقت است و خر بیار و بامیه بار کن. چرا بامیه؟ چون مزرعه خودم است، در این لحظه باقلا نمی فروشم، فقط بامیه بار کامیون بزنید. آیا همچنان در لشکر افلاطونیان و برای تخریب شعر تلاش می کنیم؟ نه.

Cont. Confusion in poetry is good & useful

A cultural activist or an artist could spend his/her time in one of many other art fields. Whenever politics & social limitations and budget barriers did not allow an artist to go on with theater, film making, music, painting and other fields, she/he gradually got interested in poetry. Poetry is an individual art and it can survive, even if the poet is alone and poor and under pressures from governments.

A big example is Mehdi Akhavan Sales great Iranian poet. He was a medium level content producer for Iran state TV. He was not a poet. Year by year, pressures o him were added up. He stopped working for TV & became a great poet. If TV could provide enough space for his talent and his mind, he would stay there and would not become a poet. Anyway, he entered the world of poetry & shined like a unique star.

Situations like his, resulted in enrichment of poetry heritage compared to heritage of other arts. Troubles forced artists to leave their originally selected art & become poets. Such situation brings lots of moral and social responsibilities on our shoulders (as poetry lovers/critics), to maintain & expand the world of poetry, as far as we can. One way is to recognize ambiguity as a positive and useful thing.

ادامه ــــــــــــ ابهام در شعر، مطلوب و مفید است

هنرمند و فعال فرهنگی در ایران (و در سایر کشورها)، وقتی که با موانع مواجه میشد و نمی توانست انرژی و نبوغش را در کار فرهنگی تیمی مثل تئاتر یا فیلمسازی یا نقاشی یا موسیقی به کار بگیرد، به تدریج به سمت هنر تک نفری مثل سرودن شعر گرایش می یافت و این عرصه را در طول تاریخ فربه تر می کرد. اگر بگیر و ببندها و تذکرهای تحقیرآمیز و حقارت فکری در صدا و سیما نمی بود، احتمالا مهدی اخوان ثالث همانجا در رادیو و تلویزیون به تولید محتوا می پرداخت و شاعر نمی شد. شاعر بزرگی، در آن حد که او را به حق و به درستی، فردوسی دوم بنامند، نمی شد. او قادر نمی بود صخره و سنگ کافی برای ساختن شهر سنگستان خودش جور کند و شهریاری بر آن شهر منصوب کند.

حالا که طی قرون گذشته، عوامل متعدد باعث شده اند تا فرهنگ ایرانی و جهانی از لحاظ شعر غنی باشد، ما حق نداریم با نقد ضعیف و با برداشت های غلط از ماهیت شعر، جوان ها و نو جوان ها را به سمت بی علاقگی به شعر سوق بدهیم. برعکس، با شناساندن صحیح دنیای شعر، زمینه رغبت بیشتر به شعر را فراهم کنیم. مسئولیت وجدانی ما ایرانیان و جهانیان برای حفظ میراث عظیم شعر و نقد صحیح شعر، از همین جا ناشی می شود. یک راهش این است که ابهام در شعر را به رسمیت بشناسیم و آن را مفید و مثبت و خوب بدانیم.

Cont. Confusion in poetry is good & useful

In the book Fiction in Persian Poetry by M. R. Sh. Kakdani page 567 we read "As'ad Gorgani in his book Veys and Ramin creates new images, uses good metaphors, uses good exaggeration about nature and other elements of his story, and by doing so, he separated his poetic work from wisdom and logic in ordinary labguage"
In the book Rightful Poem, Unmasked Poem by A. H. Zarinkoub, page 135 we read "the duty of poet is to use comparison, and to turn small things to big things and to turn big things to small things. A poet does such things to create influence of people's emotions. A poet shows nature and human better or worse than what it is in reality. If a poet shows things as they exist, poetry will be ruined and destructed. In the book Rightful Poem, Unmasked Poem by A. H. Zarinkoub, page 141 we read "Poets like Shahriar famous Iranian poet tried to use new and journalicstic phrases in poetry, and it was a failure.

All the 3 points above are in support of ambiguity and against clear messages being told in poetry.

ادامه ـــــــــ ابهام در شعر، مطلوب و مفید است

در کتاب صور خیال در شعر فارسی اثر م. ر. شفیعی کدکنی ص 567 می خوانیم "فخرالدین اسعد گرگانی در همه قسمت های داستان خود یعنی ویس و رامین، به خلق و ابداع تصاویر، در شکل های مختلف استعاره و تشبیه و تمثیل و اغراق، کوشیده و این مساله در شعر او محدود به وصف های طبیعت نیست بلکه در هر نقطه ای از داستان که مجال یافته، کوشیده است سخن خویش را از منطق عادی گفتار دور کند" در کتاب شعر بی دروغ شعر بی نقاب اثر غلامحسین زرین کوب ص 135 می خوانیم "کار شاعر آن است که با قیاسات شعری، معانی خرد (کوچک) را بزرگ گرداند و معانی بزرگ را خرد نشان دهد، غالبا برای خیال انگیزی و تصرف در اذهان. یک شاعر، طبیعت و انسان را یا بهتر از آن چه هست عرضه می دارد و یا بدتر. هیچ چیز چنان که در واقع هست در شعر نمی آید، جز آن که شعر را تباه کند" در کتاب شعر بی دروغ شعر بی نقاب اثر غلامحسین زرین کوب ص 141 می خوانیم "سعی امثال شهریار که با آوردن بعضی الفاظ تازه و جاری و حتی الفاظ فرنگی، و مخلوط کردنش با تعبیرات عامیانه و روزنامه ای، خواسته اند آن را برای ذوق مردم امروز مناسب کنند، با توفیق قرین نشده است" هر سه نکته در تقبیح رفع ابهام و در تحسین خود ابهام هستند.

Cont. Confusion in poetry is good & useful

In the book Fiction in Persian Poetry by M. R. Sh. Kakdani page 40 we read "Statement of poetic feeling is imagination anc changing reality by poets. Experts of efficient speech (clear spesch or Belaghat science) always tried in history to forcefully maintain poetic phrases within their table of terms and word combinations. They always failed to do so and their work was always harmful and destructive for the firld of poetry"

On the back cover of this book, I wrote a list of historical persons who worked hard to remove ambiguity from poems. By reading this text, we can go back and expand that bad list by adding Belaghat speech experts. You see. The challenge Is not new, and it will not be over soon, because extreme religious men do not like the freedom of poets to transfer several meanings by one sentence. They already know that poets hate extreme religious men. They have tight ropes, the look for victims to be hanged and executed.

ادامه ـــــــــ ابهام در شعر، مطلوب و مفید است

در کتاب صور خیال در شعر فارسی اثر م. ر. کدکنی ص 40 می خوانیم "آن چه در شعر به عنوان عامل بیانی مطرح است و در نظر قدما ماده اصلی علم بیان را تشکیل می داده است، عنصر خیال یا شیوه تصرف گوینده در ادای معانی است و علمای بلاغت (آخوندها) در ادوار مختلف همواره کوشیده اند که این امکانات مختلف را در حوزه تعریف ها و در جداول اصطلاحات خود محدود کنند، و اگر به کتاب های بدیع و معانی و بیان، در طول تاریخ ادب پارسی و عربی بنگریم، به روشنی خواهیم دانست که این کوشش ها، همیشه در جهتی انجام گرفته که به زیان شعر و ادب تمام شده است" در پشت جلد این کتاب، فهرستی از آدم بدها نوشته ام که در طول تاریخ زور زدند تا عنصر ابهام را از شعر بزدایند. حالا که متن دکتر کدکنی را خواندیم، می توانیم چند ثانیه با دوچرخه به پشت جلد برگردیم و آن را کاملتر کنیم و نام صدها مفسر حوزوی و نام صدها نفر علمای رشته بلاغت در حوزه های علمیه را به لیست آدم بدها بفزاییم. می بینید که این بحران و این دغدغه و این معضل جدید نیست و به زودی هم برطرف نخواهد شد. یک علتش این است که مذهبیون افراطی از آزادی فضای شاعری برای گنجاندن چند معنا در یک جمله خوششان نمی آید. طناب شان را محکم به دار بسته اند و به دنبال قربانی جدید می گردند اعدامش کنند، دنبال دلیل مشخص برای ارتداد و ضد دین خواندن شاعرها.

Cont. Confusion in poetry is good & useful

In the book Fiction in Persian Poetry by M. R. Sh. Kakdani page 80 we read "Where comparison of two things in poetry is less obvious, and where readers must think more about it to find out the reason of comparing, it becomes more poetic and more beautiful. Kaab Ashtari ancient Iranian poet in a criticism about another poet said: his similes are like a big ring with two hidden ends, and only smart minded people could find those ends. Also, in the book Fiction in Persian Poetry by M. R. Sh. Kakdani page 94 we read "Some of speech clarity or Belaghat science experts argued on a strange pre-condition for ambiguous phrases. They said each poet must add a footer text below each poem and define acceptable meanings (2-3 meanings) for each ambiguous phrase, to stop readers from going beyoud those acceptable guesses. Such act was a stupid act"

We can imagine how crazy they were fighting poetry. They forced poets to limit the level of ambiguity then they forced schools to explain each poem only as per poet's footer and do not go beyond it. They did all because they were afraid of freedom and multi-concept carrying capacity of poetry. It is good to see Belaghat experts did not conquer the world.

ادامه ــــــــــ ابهام در شعر، مطلوب و مفید است

در کتاب صور خیال در شعر فارسی اثر م. ر. کدکنی ص 80 می خوانیم "(به تخلیص) هر چه تشبیه نا آشکارتر باشد، و مخاطب بیشتر برای درکش تلاش کند، شاعرانه تر است. مثالی از توصیه قدما در خصوص تشبیه خوب. کعب اشعری می گفت: تشبیهات او همچون حلقه ای بودند که دو سر آن دانسته نمیشد، و این چیزی است که فقط ذهن های باز و دقیق آن را در می یابند" همچنین در کتاب صور خیال در شعر فارسی اثر م. ر. کدکنی ص 94 می خوانیم "در میان علمای بلاغت (آخوندها)، کسانی هستند که داخل بحث شده اند که آیا در مجاز، نظر واضع با توسع در مفهوم شرط است یا نه، یعنی آیا مطرح است که چنین توسعی (گسترشی) را واضع (شاعر و هنرمند) اجازه داده باشد یا نه، که بحث بیجایی است و از نوعی تفکر قالبی حکایت می کند" به عبارتی این علمای بلاغت به قدری بر سر چند معنایی، خون شان به جوش آمده بود که سراغ شاعر می رفتند و می گفتند: زیر شعرت بنویس منظور از جبهه حق در مصرع ششم کیست؟ و حداکثر دو سه معنا اجازه داری بنویسی نه بیشتر، سپس به مکتبخانه ها می گفتند: معلم ها حق ندارند شعر را به طریقی غیر از آن چه در پا نویس خود شاعر است، تشریح کنند. انصافا شانس آوردیم که علمای بلاغت کل جهان را فتح نکردند و این تفکر حقیرانه خود را به جهان تحمیل نکردند.

Cont. Confusion in poetry is good & useful

In the book Fiction in Persian Poetry by M. R. Sh. Kakdani page 27 we read "Human life experiences are not poetic by themselves, they become poetic only by adding some imaginations" Also in the book Fiction in Persian Poetry by M. R. Sh. Kakdani page 35 we read "Avicenna said: We can count and define things which are close to us and things that are already known to us, but poetry is something different, poetry is not close to us, and it is not even known for us".
In the book Rightful Poem, Unmasked Poem by A. H. Zarinkoub, page 111 we read "religions and governments consider their own benefit only and they try to hire poets to promote their own ideologies and ideas, but true poets and artists seek freedom of speech and freedom of humanity"

In the book Rightful Poem, Unmasked Poem by A. H. Zarinkoub, page 120 we read "in poetry, some level of ambiguity is necessarily needed, to make the speech imaginative and effective on emotions, and this is a precise work, because if ambiguity is too much, then it will turn poetry to a puzzle and it is not good"

ادامه ـــــــــــــ ابهام در شعر، مطلوب و مفید است

در کتاب صور خیال در شعر فارسی اثر م. ر. کدکنی ص 27 می خوانیم "هیچ تجربه ای از تجربه های انسانی که می تواند موضوع شعر قرار گیرد، بی تاثیر و تصرف نیروی خیال، ارزش هنری و شعری پیدا نخواهد کرد"

همچنین در کتاب صور خیال در شعر فارسی اثر م. ر. کدکنی ص 35 می خوانیم "ابن سینا می گوید: چیزی قابل شمردن و تحدید (محدود سازی، معین سازی) است که نزدیک و شناخته باشد، اما آن چه در شعر زیباست، چیزی دیگر است، چیزی غیر از چیزهای نزدیک و شناخته" در کتاب شعر بی دروغ شعر بی نقاب اثر غلامحسین زرین کوب ص 111 می خوانیم: "مذاهب و دولتها صرفه شان در این است که شعر و هنر را استخدام کنند برای اغراض خویش، اما شاعر و هنرمند در استغنای طبع خویش به دنبال آزادی می گردد. در کتاب شعر بی دروغ شعر بی نقاب اثر غلامحسین زرین کوب ص 120 می خوانیم "در شعر سایه ای از ابهام لازم است تا کلام خیال انگیز باشد و موثر، و این نکته دقیقی است که رعایت کردنش کار شاعران بزرگ است (و گر نه ابهام بیش از حد می شود و به معما تبدیل می شود)"

Cont. Confusion in poetry is good & useful

Who are poets? Poets are people who do a specific thing with a specific purpose at two situations in two different states. We cannot expect such people to speak without ambiguity. In the book Rightful Poem, Unmasked Poem by A. H. Zarinkoub, page 163 we read "A poet who is good in one poetic style, might be weak in another poetic styles. Even more, a poet may do praising poetry for two persons in two totally different methods"

In the book Rightful Poem, Unmasked Poem by A. H. Zarinkoub, page 191 we read "Ghodaameh Baghdaadi ancient poet wrote: let's remind Aristotle words about poetry, he said there is no disagreement with poets who describe things and objects bigger than what they are in reality, and also there is no disagreement with poets who describe things and objects smaller than what they are in reality"

ادامه ـــــــــــــــ ابهام در شعر، مطلوب و مفید است

از شاعران که (طبق رسالت شاعری) یک کار مشخص با یک هدف مشخص را در دو موقعیت، به دو شیوه متفاوت انجام می دهند، نمی توانیم توقع رفع ابهام و رساندن معنای دقیق داشته باشیم. در کتاب شعر بی دروغ شعر بی نقاب اثر غلامحسین زرین کوب ص 163 می خوانیم "شاعری که در یک سبک (مثل رباعی، حماسه، مرثیه) موفق می شود، ممکن است در سبک های دیگر (مثل غزل، وصف طبیعت) بسیار ضعیف و ناموفق باشد. حتی همان شاعر در همان سبک و در دو موقعیت زمانی متفاوت ممکن است کارهایی ارائه کند که کیفیت شان بسیار متفاوت باشد. الکمیت ابن زید شاعر قرن دوم هجری (به روایت ابن قتیبه) هم بنی امیه را مدح گفت و هم آل ابوطالب را، و اشعارش در مدح بنی امیه بسیار بهتر از اشعار همان شاعر در مدح آل ابوطالب هستند. همچنین در کتاب شعر بی دروغ شعر بی نقاب اثر غلامحسین زرین کوب ص 191 می خوانیم قدامه ابن جعفر نویسنده قرن سوم هجری و نویسنده کتاب نقد الشعراء، مبالغه در شعر را مهم می دانست و حرف ارسطو را به خاطر می آورد که مانعی نمی بیند از این که شاعران، امور و اشیاء را بالاتر یا پست تر از آن چه هستند، وصف کنند.

Cont. Confusion in poetry is good & useful

In the book Rightful Poem, Unmasked Poem by A. H. Zarinkoub, page 24 we read "Affecting on feelings of people, this is the key feature of poetry. Not only poetry, but also the key feature of anything related to literature. This is the secret force of literature"

We might have 1000 reasons to disagree with poetry, we may dislike some poetic features, we can call a number of poets as traitors to a ation, we possibly at some point find out poetry is not helpful for scientific growth of a country, we might mention many more problems and negative things about poetry, but we cannot deny the influence of poetry on hearts of people. We cannot reject the claim of poetry affecting people's emotions (sadness and joy, hope and exhaustion, fear and wonder, enthusiasm and hatred, vomiting by bad feelings and praising, nightmare and desire, anger and forgiveness, respect or enemity). Poetry comes to us and increases or decreases all these emotions towards something or some person. Mr. Zarinkoub calls it the secret force of literature. A huge influence on human societies. Causing war and mass killings, or causing steady peace at a region on Earth.

ادامه ______ ابهام در شعر، مطلوب و مفید است

در کتاب شعر بی دروغ شعر بی نقاب اثر غلامحسین زرین کوب ص 24 می خوانیم "تاثیر بر نفوس (انسان ها) شرط مهم است در شعر و در هر سخن که تعلق به قلم و ادب دارد و این همان قوه مرموز در ادبیات است"

ممکن است هزار جور مخالفت با شعر و شاعری داشته باشیم، ممکن است از برخی ویژگی های شاعرانه خوش مان نیاید، ممکن است شاعرهای خاصی را خائن به کشور بدانیم، ممکن است شعر را مضر برای رشد علمی در یک کشور بدانیم و هزار ایراد دیگر، ولی نمی توانیم انکار کنیم که شعر بر دلهای انسان ها می نشیند و اثر می گذارد و عواطف آدمها (اندوه و شادی، امید و نومیدی، ترس و تعجب، اشتیاق و تنفر، چندش و تحسین، کابوس و تمایل، خشم و بخشش، احترام و ضدیت) را نسبت به چیزهایی در زندگی کم و زیاد می کند. جناب زرین کوب این را قوه مرموز می داند، و تاثیر شگفت انگیز و بی انتهایی که شعر بر جامعه بشری می گذارد و بساط جنگی که به راه می اندازد و یا بساط صلحی که در مناطقی از زمین می گستراند.

Cont. Confusion in poetry is good & useful

An English Teacher Ms. Susan Jones in her teaching poetry video, says "I ask my students to read a poem and then to create some painting of images created in their minds, and those images (fresh paintings) are different from one student to another, based on how they are connected to the poem"

If we expand the experiment of Ms. Susan Jones, we will find out that none of the paintings made by students is wrong, none of the paintings is far away from the poem in discussion, and none of the paintings is exactly what was meant by the poet originally. Students' background in life has some influence. Parental controls have soms influence. Familiarity of students with the key concepts of the poem plays some role. Way of reading and hearing a poem is affecting the mental image of each student. Social circumstances of the society in which such an experiment is carried out, forces some input to the minds of students, for example, if a country is in war, students will connect a new poem to some aspects of war. If a country is struggling with Covid19 pandemic, students will leave some space or a chair in their mental image for this annoying virus.

ادامه ______ ابهام در شعر، مطلوب و مفید است

یک معلم زبان انگلیسی به نام سوزان جونز در ویدئوهای ناشاد خودش، تدریس شعر را توضیح می دهد و می گوید "گاهی وقتها از دانش آموزانم می خواهم شعری بخوانند و سپس وسایل نقاشی بردارند و تصویری که در ذهن شان نقش بسته را روی برگه نقاشی کنند. این نقاشی ها متفاوت از هم هستند، و این مرتبط است با نحوه اتصال هر دانش آموز با هر شعر" اگر آزمایش تجربی بانو جونز را گسترش دهیم، درخواهیم یافت که هیچیک از نقاشی های خلق شده دانش آموزان، غلط نیست. هیچیک از نقاشی ها پرت و پلا و دور از مباحث شعر نیست، و هیچیک از نقاشی ها دقیقا نیز همان چیزی نیست که ابتدا در ذهن خود شاعر نقش بسته بود. تجربیات و رخدادهای سالهای گذشته زندگی دانش آموزان بر نحوه برداشت تصویر ذهنی شان از شعر اثر دارد. کنترلهای والدین نقش دارد. میزان آشنایی دانش آموزان با مضامین مندرج در ابیات شعر، دخالت دارد. نحوه خواندن شعر و لحن و صوت و سرعت و ژست هر دانش آموز در هنگام خوانش شعر، بر تصویر ذهنی اش تاثیر دارد. شرایط جامعه اهمیت دارد، اگر کشورشان در جنگ باشد، دانش آموزان بین شعر و اخبار جنگی پل می زنند. اگر کشورشان درگیر پاندمی کرونا کووید 19 باشند، دانش آموزان یک صندلی در تصویر ذهنی خودشان خالی می کنند، برای نشاندن این ویروس مزاحم و بدجنس.

Cont. Confusion in poetry is good & useful

In the book Rightful Poem, Unmasked Poem by A. H. Zarinkoub, page 49 we read "Sheykh Azari Beyhaghi Esfarayeni Iranian author said: In Nezami Ganjavi's poets, there are couplets and phrases that I cannot understand their meaning, in the big day of justice after death, I will stop the way of Nezami Ganjavi for such a guilt"
Such level of deep anger is not needed. Sheykh Azari said many things against Nezami Ganjavi. Did he cause Persian Speaking people to dislike the greatness of Nezami Ganjavi? Of course not. Sheykh Azari's anger is a useless reaction to poetry and poetic ambiguity.
In the book Rightful Poem, Unmasked Poem by A. H. Zarinkoub, page 56 we read "Abdolghaher Basri Iranian ancient author said: when people gai something after lots of efforts and hardship, they know its value".
His formula is not only for poetry, it is true about social movements as well. In Iran, we have a great social movement about freedom of clothing and #Mahsa_Amini, and we Iranians know the value and importance of this movement. Do we?
Hope so.

ادامه ‎ـــــــــ‎ ابهام در شعر، مطلوب و مفید است

در کتاب شعر بی دروغ شعر بی نقاب اثر غلامحسین زرین کوب ص 49 می خوانیم "شیخ آذری بیهقی اسفراینی نویسنده قرن هشتم که قسمتی از کتاب جواهر الاسرارش شرح ابیات مشکل است، گفته است که در خمسه نظامی گنجوی ابیاتی هست که معنی آنها بر وی روشن نیست و او در قیامت دامان نظامی را خواهد گرفت" آیا این همه خشم از مشاهده ابهام در شعر نظامی باعث شد تا جامعه پارسی زبان ها، شاعر بودن و معزز بودن نظامی گنجوی را زیر سوال ببرد؟ هرگز. این شیخ هم مثل سایر شیوخ، عرض خود می برد و زحمت ماها می دارد (شوخی حافظانه). در کتاب شعر بی دروغ شعر بی نقاب اثر غلامحسین زرین کوب ص 56 می خوانیم "عبدالقاهر بصری نویسنده قرن چهارم هجری می گوید "انسان چیزی را که بعد از رنج و جستجو به دست آورده باشد، بهتر قدر می داند و بیشتر گرامی می شمارد و این نکته ای است درست" علاوه بر شعر، در خصوص جنبش های اجتماعی نیز همین است. جنبش زیبای حجاب اختیاری و #مهسا_امینی در ایران نیز چنین ویژگی ای دارد. با زحمت بسیار به دست آمد. قدرش را می دانیم تا حصول نتیجه؟ امیدوارم.

Poet & critical reviewer, not enemies

Criticising an already written criticism? Yes. Poetry is an art. Criticism is also an art. Artists, in any field of art, should be able to accept critics & develop effective conversation with their opponents & critics. At a higher level, each artist should consider any critical idea as a new good chance for expanding his/her art & influence, and for expanding the cloud of thinking in the sky of humanity. Artists give society imaginations for joy & deeper thinking. Criticism is just another change to do so. True artists/poets are always willing to create arts, even when they plan to respond to a new critic or reviewer. If you are scared of facing your opponent/critic, and if you escape from a meeting where your poem is being hardly criticized, I am sorry for you. You didn't learn even the alphabets of art.

Many believe that we cannot learn anything from people who are with same ideas as ours, with same directions as we ours, with same education as ours. Facing critics is a big opportunity to see ourselves in a mirror which is not the mirror of selfishness & self-praising.

شاعر و منتقد شعر دشمن یکدیگر نی اند

نقد بر نقد؟ آری. سرودن شعر هنر است و نقد کردن شعر نیز هنری دیگر. هنرمند در هر زمینه ای از جمله شعر، باید با روی باز نظر منتقد را بشنود و با او وارد دیالوگ شود و به گسترش ابری از اندیشه ها در آسمان بشریت کمک کند. در یک پله بالاتر، باید بگوییم شاعر باید نقد را فرصتی برای هنرنمایی جدید و پاسخی زیباتر و شاعرانه تر و بداهه گویی جدید و مکمل هنر قبلی خودش بداند. هنرمند خیالپردازی ها و ابهام ها و پیام هایی به سوی جامعه می فرستد و نقد اثر او، در واقع فرصتی است که هنرمند همان خیالپردازی ها و ابهام ها و پیام های خودش را تکمیل کند. هنرمند، مشتاق و وفادار به آفرینش هنری است، حتی در هنگام مواجهه با منتقدهای جدید و بسیار سختگیر.

اگر از مواجهه با منتقد خود وحشت داری و از جلسه نقد سختگیرانه اثر خودت فرار می کنی، برایت متاسفم، هنوز به الفبای هنرمندی نیز نرسیده ای. بسیاری بر این باورند که ما هرگز از کسانی که هم نظر و همراه و هم سواد با ما هستند، چیزی یاد نمی گیریم و رشدی نمی کنیم. مواجهه با منتقد و مخالف، بهترین فرصت برای دیدن خودمان در آینه ای غیر از آینه خودبینی و خودپسندی و خودخندی است.

Cont. Poet & critical reviewer, not enemies

In the book Rightful Poem Unmasked Poem by Abdolhosein Zarinkoub page 9 we read:
"Two high rancked cardinals visited workshop of Rafael great Italian painter. They walked & saw a painting in a corner. In that painting, apostles of Christ were shown. Faces of apostles were red and angry. Cardinals asked the reason of such anger and redness from the creator, from Rafael. He responded: Well, they realized bad people like you are ruling their churches, so shouldn't they be ashamed & red of anger?"

We as audiences of a poet, as critics of a poet, are a link of the big chain of poetry creation. We must learn to be good critics & have positive influence on future works of each poet.
We should not act like we are against him/her (the poet) and we want to hurt.

We should say positive points of a poem beside negative points, to increase the ground of acceptance in the mind of poet.

ادامه ـــــــ شاعر و منتقد شعر دشمن یکدیگر نی اند

در کتاب شعر بی دروغ شعر بی نقاب اثر عبدالحسین زرین کوب ص 9 می خوانیم "دو تن کاردینال نام آور که از کارگاه رافائل نقاش ایتالیایی دیدن می کردند، وقتی درباره یک اثر او گفتند: در آن تابلو، چهره حواری های عیسی مسیح بیش از اندازه سرخ است. نقاش با لحنی ملایم گفت: گمان نمی کنید حواری در بهشت وقتی می بیند که کلیساها تحت فرمان امثال شماهاست، باید از خجلت سرخ بشود؟"

در واقع رافائل مواجهه با منتقد را فرصتی مغتنم برای تکمیل پیامهای اجتماعی قبلی خودش در نظر گرفت. ماهایی که مخاطبان یک شاعر هستیم و شعر او را نقد می کنیم، در واقع بخشی از یک زنجیره آفرینش ادبی هستیم و باید با نقد خوب، تاثیر مثبت بر شاعر و شعرهای بعدی او بگذاریم. نباید جوری رفتار کنیم که گویا بر علیه او (شاعر) هستیم و می خواهیم به او آسیب بزنیم. در کنار جنبه های منفی، جنبه های مثبت شعرها را هم بگوییم که زمینه شنیده شدن و پذیرفته شدن نظرات مان به تدریج فراهم گردد. بسیار پیش می آید که هنرمند/شاعر از نقد و نظر کسی بدش بیاید، ولی اگر همان نقد و نظر را از فرد دیگری، در جای دیگری، و بعد از بیان چند نکته مثبت بشنود، با آغوش نیمه گرم بپذیرد.

Cont. Poet & critical reviewer, not enemies

In the booklet of Poetry Criticism by Ehsan Tabari page 15 we read "Using new forms in Persian poetry and going beyond traditional forms is a great step forward. Not only in the area of form of poetry, but in all areas of poetry. We must do lots of creative works continuously. As said by Paul Vayanne Coterrie French anti fascist author, when we compare human history with future, the history is always zero and the future is always huge and infinite"

Anytime we criticize poetry, we should not ask poets to say poems similar to works of previous poets. We should ask them to break previous frameworks and move on with new styles.

In the booklet of Poetry Criticism by Ehsan Tabari page 15 we read "A poet & critic are not enemies; they are not confronting each other. They are completing each other's works. Stringent criticism should not ruin our friendship and unity as humans. Everptraising and flattering a poet is not helpful. As well said by Nuredin Jami: Our bodies might be aliens to each other but our hearts are not aliens at all, we may fight slightly with words, but deep in our hearts, we are friends, we are united & together"

ادامه ___ شاعر و منتقد شعر دشمن یکدیگر نی اند

درجزوه نقد شعر احسان طبری ص 15 می خوانیم "نوآوری در شعر فارسی و فورم های جدید و عبور از وزن های سنتی کاری پسندیده است. در همه زمینه ها هنوز کار زیادی باید بشود، به قول پائول وایان کوتوریه نویسنده فرانسوی، که فاشیست ها تیربارانش کردند، گذشته در مقابل آینده، همیشه صفر است در مقابل بی نهایت"

به عبارتی هنگام نقد شعر از شاعران نخواهیم که مثل شاعران قبل از خود شعر بگویند، بلکه برعکس مرتب از آنها بخواهیم که چارچوب های قبلی و سنتی را بشکنند، حتی همین چارچوب های معاصر و بیست ساله اخیر را.

درجزوه نقد شعر احسان طبری ص 15 می خوانیم "شاعر و منتقد در مقابل هم نیستند بلکه مکمل هم و تقویت کننده همدیگر هستند. صراحت انتقاد نباید در همبستگی و همبودگی ما خللی وارد سازد. وحدت ظاهری و سالوسانه بد است. تفرقه ستیزه جویانه نیز بد است. بیتی از نورالدین جامی این را خوب توصیف می کند: بیگانه تنیم و آشنا دل، بر جنگ زبان و پر صفا دل"

Cont. Poet & critical reviewer, not enemies

In the booklet of Poetry Criticism by Ehsan Tabari page 4 we read "If poetry criticism does not reach a level to encourage learning & deeper thinking by poet, it cannot be valued as a serious field of study. In the world, in the universe, in the vast scope of life, there are lots of musical rythms & poetry potentials. The job of poet is to discover it and transfer it to languages of humans and enrich languages. Therefore, we should not get surprised when a poet comes wth a totally new and fresh style of poetry. Sohrab Sepehri Iranian poet says: Why don't you get the point? Why do you think growth of a nasturtium flower (in poetry) is happening by chance and accidentally? It is not done accidentally; it is a part of bigger harmony in the nature and it is on-time and at the right place"

In the booklet of Poetry Criticism by Ehsan Tabari page 6 we read "Although a critic may have lower level of imagination compared to a poet, her/his knowledge about history and technics of poetry should be higher, to be able to deliver an effective criticism note and analysis. In all countries, poetry and arts could grow only through hard works of critics"

ادامه ___ شاعر و منتقد شعر دشمن یکدیگر نی اند

در جزوه نقد شعر احسان طبری ص 4 می خوانیم "نقد اگر تا حد طرح مسائل نو و آموزنده و تفکر وادارنده بالا نیافرازد و فرا نیازد، یک رشته معرفتی و یک نقد آفریننده نیست. در جهان و در پهنه زندگی یک نظام موسیقی وار از زیبایی وجود دارد که شاعر آن را به انحاء مختلف صید می کند و در زبان عصر خود می گنجاند و نمی توان تحول سبک، دید و تعبیر شعری را در ادوار مختلف عجیب دانست، به قول سهراب سپهری: چرا مردم نمی دانند، که لادن، اتفاقی نیست"

سهراب روییدن گل لادن در باغچه و روییدن یک شعر در ذهن یک شاعر را اتفاقی و تصادفی و یهویی نمی داند، بلکه بخشی از نظم و نظام موسیقی وار و هارمونیک در جهان هستی می داند و نگرش جالبی می تواند باشد. درجزوه نقد شعر احسان طبری ص 6 می خوانیم "نقادی کاری است بسیار دشوار و اگر چه تخیل نقاد از جهت آفرینش یک اثر ادبی، گاه از شاعر پایین تر است، از جهت آشنایی به فن و تاریخ شعر، به درون بافت و نسج فکری شعر، باید از او در مقام بالاتر قرار داشته باشد. نقادان بزرگ در کشورهای مختلف نقش موثری در تکامل هنری کشورهای خود داشته اند"

Cont. Poet & critical reviewer, not enemies

In an interview with You Radio, James David May American poet says "Regarding metaphors, you asked how I make those metaphors. I do not make them. I jus get tose metaphors. They already exist somewhere"

I was in a poetry meeting. A person wanted to read his new poem. A lady who was on a chair beside me, told me "When he finishes reading, those 3 perons (point to them by fingers quietly) will speak and will praise this poet and his poem very much" All it happened as she predicted. After the meeting, she continued "This poen is scared of any negative criticism about himself and about his poems"

In the book Rightful Poem Unmasked Poem by Abdolhosein Zarinkoub page 19 we read "Poet has the right to produce a creative image and give no answer to critics about why he created such an image. Critics must hear the last and most real answer from the poem and its lines, poems never lie, they are always honest, especially when they are talking to a poetry critic"

ادامه ___ شاعر و منتقد شعر دشمن یکدیگر نی اند

جیمز دیویس می، شاعر آمریکایی در مصاحبه با رادیو یو، می گوید "راجع به استعاره از من پرسیدید، فرمودید چطور این استعاره ها را جفت و جور می کنم، در پاسخ باید عرض کنم که من این استعاره ها را نمی آفرینم، این استعاره ها در گوشه ای از جهان هستی از قبل وجود دارند، و من فقط آنها را نشان مخاطبانم می دهم و به واژه در شعرم تبدیل شان می کنم" سخن دیویس تا حدی شبیه لادن های غیر اتفاقی سهراب است. در محفلی بودم، فردی خواست شعر بخواند. خانومی که کنار دست من نشسته بود، یواشکی گفت "به چیزی که می گویم توجه کن، الان که شعرش را تمام کند، فلانی و فلانی دستشان را بالا خواند برد و برای نقد شعر، حرف خواهند زد و هر سه نفر این شعر و شاعر را تحسین خواهند کرد. بعد از نشست ادبی، بیشتر برایم توضیح داد "این شاعر به شدت از این که حاضران از شعرش ایراد بگیرند، وحشت دارد" در کتاب شعر بی دروغ شعر بی نقاب اثر عبدالحسین زرین کوب ص 19 می خوانیم "شاعر برای خودش این حق را محفوظ می دارد که در کار ابداع خویش به هیچ کس حسابی پس ندهد، آخرین سخن را منتقد باید از خود شعر بشنود و نه از شاعر. منتقد باید شعر بشنود، شعر که هرگز دروغ نمی گوید، آن هم به یک منتقد"

Cont. Poet & critical reviewer, not enemies

My maternal grandfather Kayed Alibaz Reshadian Parast had a famous saying during his agriculture council meetings with farmers and neighbors. He said repeatedly "A real military general is the one who can remain a general even without his/her outfit" It means, if a general is out there, and somehow his/her gun, his bodyguards, his respecting friends and his frightened soldiers are eliminated from the scene, he/she must be able to remain a brave and skillful person or a general.
His formula is true about poetry too. If a poet loses his sincere supporters and his/her political bonds, and still remains a poet, then he/she is a true poet and creates poetic phrases for all people in reach.

In the book Rightful Poem Unmasked Poem by Abdolhosein Zarinkoub page 7 we read "I did lots of poetry criticism, if I made mistakes, I can assure you not to insist on my wrong evaluation"
Such an attitude makes strong intimate connection and respect between poet and critics. Do you know a good poetry critic?

ادامه ___ شاعر و منتقد شعر دشمن یکدیگر نی اند

پدربزرگ مادری ام کاید علیباز رشادیان پرست در پتک جلالی، تکیه کلام لری جالبی داشت "تیمسار هونه که بی قبه تیمسار بوهه" یعنی تیمسار واقعی کسی است که اگر سلاح و بادیگارد و تحسین کنندگان از ترس و احترام گذارندگان به درجه و قدرت او را از اطرافش حذف کنیم، همچنان یک آدم شجاع و کاردان و ماهر و حسابگر باشد و بتوان همچنان به او تیمسار گفت. بتوان همچنان روبرویش ایستاد و سلام فرمانده گفت. در خصوص شاعر نیز همین است. شاعر واقعی کسی است که اگر تحسین کنندگان سفارشی و مجلات متصل سیاسی را از دور و برش دور کنیم، همچنان یک شاعر بماند و شور و شرر بریزد در کلام انسان ها. ضمن این که نقد باید سختگیرانه باشد، تواضع و بیان ملایم منتقد نیز اهمیت دارد. منتقد نباید خود را عقل کل بداند. در کتاب شعر بی دروغ شعر بی نقاب اثر عبدالحسین زرین کوب ص 7 می خوانیم "اگر در قضاوت راجع به معاصران خطا کردم، در باب گذشتگان هم خطاها است، و چه غم از خطایی که خطاکار را در آن اصراری بر خطای خویش نباشد؟ در هر حال، عشق بازی نه من اول به جهان آوردم" بساط شاعری و بساط نقد شعر، هر دو پیش از ما هزاران سال وجود داشتند، بعد از ما نیز خواهند بود، با ضعف و قوت های شان. پس مغرور و خودپسند و مصر بر ارزیابی های خود نباشیم.

Cont. Poet & critical reviewer, not enemies

In the book Rightful Poem Unmasked Poem by Abdolhosein Zarinkoub page 16 we read "If a critic focuses on terms and words and forms, she/he will not tolerate any creative phrase and no change in traditional styles. Such a critic will not be helpful, he/she will be negatively argueing and asking why word X is used at a wrong place in couplets or so"

Also, in the book Rightful Poem Unmasked Poem by Abdolhosein Zarinkoub page 18 we read "In any evaluation of arts, aesthetics must be the top priority, and If a critic is not familoiar with aesthetics, he/she will look like a sailor on a ship on a sea, without any navigation map, without communication with shore bases, and without swimming skills"

By following these principles, a critic can Improve the quality o his/her criticism articles, and also make the poet to feel gaining benefit and learning during the process of criticism and analysis.
All these increase acceptance, riendship and mutual respect between poet and a critic.

ادامه ___ شاعر و منتقد شعر دشمن یکدیگر نی اند

در کتاب شعر بی دروغ شعر بی نقاب اثر عبدالحسین زرین کوب ص 16 می خوانیم "آن منتقدی که میزانش فقط لغت باشد و قالب، البته نه هیچ سنت شکنی ای را می تواند تحمل کند و نه هیچ نو آوری ای را. دایم بر شاعر طعن و ایراد دارد که فلان لفظ را به جای خویش به کار نبرده است و فلان معنی را به صورت مناسب عرض نکرده است" همچنین در کتاب شعر بی دروغ شعر بی نقاب اثر عبدالحسین زرین کوب ص 18 می خوانیم "در هر گونه قضاوت که راجع به هنر می شود، ملاحظات زیباشناسی بی شک اهمیتش در درجه اول است. منتقدی که از زیباشناسی بی بهره است، مثل آن دریانوردی است که نه نقشه دارد و نه ارتباط با ساحل و نه آشنایی با شنا را"

رعایت این نکات توسط منتقد می تواند هم بر کیفیت نقد بیفزاید، هم به شاعر این حس را بدهد که قرار است در پروسه نقد و در انجمن های ادبی، چیزی بیاموزد، و هم زمینه مودت و احترام بین شاعر و منتقد را فراهم کند و آنها را از بدبینی و دشمنی و تقابل باز دارد.

Cont. Poet & critical reviewer, not enemies

In the book Rightful Poem Unmasked Poem by Abdolhosein Zarinkoub page 12 we read "A journalist asked Anton Chekov about the reason of his anger over his critics, Chekov responded: I kept reading my critics' articles for 25 years, and I learnt nothing from them. I (Zarinkoub) also think that contemporary Iranian poets feel the same about their critics and their articles here in Iran"

The fact that Mr. Zarinkoub evaluates performance of critics in Iran so negatively, and also the fact that Mr. Chekov evaluates performance of critics in Russia/Soviet Union so bad and useless, must be shocking or us. These statements (I assumed as real and fair evaluations) are two cultural tragedies in two nations which are among the most influential nations in history, from the viewpoint of literature. Such cultural tragedies should give us motivation to work hard and to improve the quality of our critics and analytical articles on poetry. We should see this issue as a moral and social responsibility in each country.

ادامه ___ شاعر و منتقد شعر دشمن یکدیگر نی اند

در کتاب شعر بی دروغ شعر بی نقاب اثر عبدالحسین زرین کوب ص 12 می خوانیم "آنتوان چخوف در خصوص علت عصبانیتش از منتقدان می گفت: بیست و پنج سال است که آنچه نقادان درباره من نوشته اند را خوانده ام و از آنها هیچ نیاموخته ام. علاوه بر چخوف، اگر از شاعران امروز ایران درباره آن چه از منتقدان خویش آموخته اند سوالی پرسیده شود، به گمانم همین جواب را خواهند داد"

این که جناب زرین کوب عملکرد منتقدان در ایران را ضعیف و یا حتی صفر بداند، و این که چخوف عملکرد منتقدان در روسیه/شوروی را ضعیف یا حتی صفر بداند، (اگر ارزیای هایی منصفانه و واقعی باشند) دو فاجعه فرهنگی در دو کشور مدعی و ریشه دار در ادبیات و شعر جهان محسوب می شوند و باید ما را تکان بدهد و به ما انگیزه بدهد که ریشه یابی این درد را جزو وظایف اجتماعی-اخلاقی خود در هر کشور بدانیم. اگر فضای خوبی برای نقد فراهم گردد، شاعر از شنیدن نقد خشمگین نخواهد شد. بلکه خواهد گفت "طعنه بر ما مزن ای شیخ که خود معترفیم / دف زنان بر سر بازار به رسوایی خویش / منسوب به صائب تبریزی"

Cont. Poet & critical reviewer, not enemies

In the era of Ferdowsi Tousi, Sho'obiyeh social movement was an effective and useul movement. They announced their role as defendig Iranian culture and Iranian cultural activists, including poets. They were a secret circle of law activists. They attended courts to voluntarily defent the rights of poets and to cancel poets' execution and jail verdict. They had members from Sistan to Azarbaijan, and from Baghdad to Samarghand. Members of Sho'obiyeh were also active in poetry criticism. They used to travel from town to town, and from village to village, and read new poems or groups of people in streets. They used to collect ideas and criticism of people and deliver it to each poet, and suggest him/her to read it and to improve new poems. I a person claims the era of Ferdowsi Tousi was the top era of Iran's literature, her/his statement will be a fair and correct one.

We are at the end of this chapter. On these pages, I wrote many arguments and reasons for you to use and convince poets/critics to be friends and to avoid any conflict or confrontation between poets and critics.

ادامه ___ شاعر و منتقد شعر دشمن یکدیگر نی اند

در زمان حکیم فردوسی توسی، جنبش سراسری شعوبیه که وظیفه خود را حفظ فرهنگ ایرانی و دفاع از فعالان فرهنگی در دادگاه های روحانیون بیرحم حاکم و لغو حکم اعدام نویسندگان و شاعران ایران دوست، تعریف کرده بود، یک جنبش مفید و فعال بود. از سیستان تا آذربایجان و از بغداد تا سمرقند، اعضای فعال و مخفی داشتند. شعر جدید شاعران از جمله فردوسی را در شهرها و روستاها برای مردم می خواندند و نقد و نظر مخاطبان را به اطلاع شاعران می رساندند و رشد کیفی شعرها را باعث می شدند. اگر کسی بگوید ادبیات ایران هیچ وقت به شکوفایی آن دوران برنگشته، سخنی به گزاف نگفته است و از دایره انصاف به مربع و مثلث لاف، نپریده است.

در این فصل به بهانه ها و استدلال هایی پرداختم که با کمک آنها در مباحث و مذاکرات، بتوانیم مودت و احترام و پذیرش دوطرفه و مدارا بین شاعر و منتقد را به حد کمال برسانیم. این مساله بسیار مهم است و حتی اگر سطح کیفی نقد ها و مقالات تحلیلی به بالاترین حد برسد، ولی روابط دوستانه و سازنده بین شاعران و منتقدان برقرار نشده باشد، نتیجه خوبی در بر نخواهد داشت.

1st expectation from a poem: power

One of the features that makes poems beautiful and put poetry higher than text and prose, is the feeling o power in poetic phrases. Poems are powerful phrases and give readers the sense of being empowered. Even when poets (Reza Sadeghi and Sirwan Khosravi) want to express a sign of wekness, they do it in a powerful way. Poets in this case, are not able to whithstand difficulties of life and they think of suicide and killing themselves. Their failure is not expressed like a weak & brought-to-knees person. They say "Hey the world, listen to me, stop your train now, I want to get off your train right here on this railroad". One of its possible meanings is: You, the world, you, the whole universe, hey you life, my death is not a small event, you cannot ignore my death, you must stop right now, and let my death to happen, as I order you like a boss. I stop you, then I get off your train, bye bye. I die.

In the book Fiction in Persian Poetry by M. R. Sh. Kakdani page 18 we read "As Thomas Henry Huxley British author and biologist said: whole the word belongs to poets only, but they generously let it belong to all" Such an ownership feeling is developed only through powerul poetic phrases.

توقع یک از شعر: قدرت داشتن شعر

یکی از دلایلی که شعر را زیبا می کند، و آن را بالاتر از متن و نثر می نشاند، حس قدرت و قوی بودن در عبارات شعری، شاعر و مخاطب شعر است. حتی وقتی شاعر (رضا صادقی و سیروان خسروی) می خواهد نشانه ضعف و شکست خودش را بیان کند، این کار را به شکل قدرتمندانه ای انجام می دهد. شاعرها در این شعر، مضمونی را مطرح می کنند که گویا توان تحمل سختی های زندگی را ندارند و آرزوی مرگ می کنند، ولی شبیه التماس یک آدم ضعیف و نحیف و پخمه نیست. می گویند "وایسا دنیا من میخوام پیاده شم" یکی از چند معنایش این است که: ای دنیا، ای زندگی، ای جهان هستی، مرگ من اتفاق کوچکی نیست که بی توجه به آن، به چرخش خودت ادامه بدهی، هم اینک به تو فرمان می دهم، لحظه ای مطیع من باش و بایست، تا من از قطار تو پیاده بشوم و بمیرم.

در کتاب صور خیال در شعر فارسی اثر م. ر. شفیعی کدکنی ص 3 می خوانیم "هاکسلی می گفت که تمام جهان بالقوه از آن شعرا است، ولی از آن چشم می پوشند" (و سخاوتمندانه اجاز می دهند متعلق به دیگران هم باشد) چنین حس مالکیتی به جز از راه کلام قدرتمندانه شاعران، از راه دیگر ایجاد نمی شد.

Cont. 1st expectation from a poem: power

In the book Fiction in Persian Poetry by M. R. Sh. Kakdani page 3 we read "As William Wordsworth romantic British poet said, even a small new discovery of chemical scientists can cause a poet to write millions of poetry books, and compare it to whole the existing literature of humanity"

In other words, imagine today chemists discover a compound of chemicals to have corrosive effect on steel structures. Chemists themselves can explain it in maxuimum 10 pages, no more. But if you give this discovery to a poet, he/she may write 1 million poetry books and still keep looking at this issue from newer angles.

Think of occasions where you wrote a poem at the beginning or at the end of a letter and it had positive or negative influence on the reader.

Think of a traffic sign with a poem on it and compare it to similar signs without poetic attractiveness.

ادامه ـــــ توقع یک از شعر: قدرت داشتن شعر

در کتاب صور خیال در شعر فارسی اثر م. ر. شفیعی کدکنی ص 3 می خوانیم "وردز‌وورت می گفت حتی نامانوس ترین کشفیات شیمی دانان می تواند به همان اندازه مضامین فعلی برای تجلی هنر شاعر، ارائه مطلب کند"

به عبارتی امروز ممکن است شیمیدان ها دریابند که ترکیب فلان عنصر با فلان آلیاژ منجر به تولید مایعی می شود که اثر خورندگی بر روی فولاد و نقره دارد. شیمیدان ها حداکثر ده صفحه می توانند درباره این مساله، مطلب بنویسند. ولی همین مضمون را تحویل شاعر بده و او می تواند یک میلیون کتاب شعر درباره همین کشف شیمیدان ها برایت بنویسد و هی از زوایای جدید و جدیدتر به مساله نگاه کند.

به تجربیات و نامه هایی بیندیشید که در ابتدا یا انتهای نامه، بیت شعری نوشتید و اثر مثبت یا منفی بر مخاطب گذاشت. به تابلوهای راهنمایی و رانندگی فکر کنید که در آنها یک شعر و سپس توصیه ایمنی نوشته شده است. این تابلوها را مقایسه کنید با تابلوهایی که پیام مشابهی دارند ولی بدون آن جذابیت شعری اند. تابلوهای متعدد در هانوفر آلمان در جاده ها نصب شده که عبارات شاعرانه دارند.

Cont. 1st expectation from a poem: power

When you start analyzing and criticizing a new poem, ask: is this poem a powerful speech or not? Is it able to break the unbreakable? Iranian poet Ashin Moghadam song writer of Ebi singer says: God is sitting here with us; God is drinking tea with us. In this case, the poet has the power to turn God rom zero into a big thing, and even make God to be capable of sitting somewhere and drinking tea.

In the book Fiction in Persian Poetry by M. R. Sh. Kakdani page 5 we read: "As Carl Sandburg American poet explained, a little boy was trying to take a corn bush out of the ground. He could not do it. He didn't stop trying. Finally, the boy could defeat the bush and pick it up. The boy proudly and happily informed his father. His father responded: Oh. Yeah, I see son, you are now a man and you have powers. The boy continued: Yes daddy, whole the earth was keeping one end of this bush & I was keeping the other end, and I could win the competition"

A poet is much like the little boy here.

ادامه _____ توقع یک از شعر: قدرت داشتن شعر

هنگام نقد شعر، از خود بپرسید: آیا این ابیات، کلام قدرتمند است؟ یا ضعیف و معمولی و بدون در هم شکستن ناشکستنی ها؟ آنجا که شاعر افشین مقدم در ترانه ابی می گوید "خدا با ما نشسته چای می نوشه" شاعر این قدرت را داشته که خد را بزرگ کند و خدا را از صفر به فردی توانا در چای نوشیدن ارتقاء دهد، آپگریدش کند و بساط صرف چای و نبات با او راه بیندازد.

در کتاب صور خیال در شعر فارسی اثر م. ر. شفیعی کدکنی ص 5 می خوانیم "به گفته سندبرگ، کودکی خردسال می خواست بوته ذرتی را از زمین برآورد، اما نمی توانست و هر چه کوشید آن بوته بر جای خود استوار بود، اما سراجام کوشش او به سامان رسید، و بوته ذرت از زمین کنده شد، کودک با شادمانی بسیار پدرش را از حاصل کوشش خود آگاه کرد، پدرش گفت: آری، تو هم مردی شدی و نیرویی داری. آن طفل خردسال با غرور در پاسخ پدرش گفت: آری پدر، همه زمین یک سرش را گرفته بود و من یک سرش را، تا سرانجام من غالب شدم" تخیل و تصور و قدرت ذهنی شاعر مثل آن پسر است.

Cont. 1st expectation from a poem: power

In the booklet of Poetry Criticism by Ehsan Tabari page 6 we read “Rubinstein Russian composer received inadequate welcome and respect from guards and servants when he entered a palace. He told the guards: I might be not God, I may be not a prince, but I am an artist” In his idea, being artist is big enough to cover weakness of not being a god or not being a senior official in politics. It makes sense, doesn’t it?

Did you notice that mothers are poets automatically? Why do they create those imaginations & those fictious confrontations and describe their kids by such images? Did you see a mother defending her strong sentence about her kid? We might say, mothers do believe in the power of poetic features more than others.

Forough Farokhzad is an example of powerful speech, even when she is talking about her weakness & failures in life. If you are sitting near Forough and she starts talking or reading poems, you cannot ignore her & continue working with your cell phone.

ادامه ـــــــ توقع یک از شعر: قدرت داشتن شعر

در جزوه نقد شعر احسان طبری ص 6 می خوانیم
"روبن شتاین آهنگساز روس، در دوران تسلط اشرافیت سلطنتی وقتی با ناز و تکبر والا گوهران کاخ رومانوف روبرو می شد، می گفت: قادر نیستم خداوند عالم باشم، به شاهزادگان نیز ارجی نمی نهم، ولی هنرمند هستم" هنر داشتن می تواند ضعف ناشی از خدا نبودن و نیز ضعف ناشی از اشراف زاده نبودن او را جبران کند. به نظرتان، حق با او بود یا نه؟ آیا دقت کردید که مادرها به طور خودکار شاعرند؟ چرا به طور خودکار خیالات و تصاویر زیبا برای توصیف فرزند خود می آفرینند و از آن دفاع می کنند؟ به گمانم، مادرها بیش و پیش از هر کس به جنبه های شاعرانگی در زبان ایمان دارند و از آن در کلام خود بهره می گیرند.
فروغ فرخزاد حتی وقتی از شعر خارج است و دارد متن می نویسد، هویت شاعری خود را حفظ کرده است. حتی بیان عجز و درماندگی و شکست و مصیبت فروغ با قدرت انجام میشود، یعنی اگر فروغ در مقابلت باشد، نمی توانی با موبایلت ور بروی، یا خودت را به نشنیدن کلام فروغ بزنی و به سمت یک سوپرمارکت حرکت کنی و او و حرفهای محکمش را غیر مهم بدانی.

Cont. 1st expectation from a poem: power

In the book The Little Mermaid by Abdolali Dastgheyb page 39 as quoted from Forough, we read "I was tired and broken. Pressure of life, pressure of society, pressure of chains on my feet, were all imposed on me. I had to resist all. I tried to survice, I tried to remain a woman, to remain a human. I just wanted to say I have the right to breathe and speak up for my rights. Others tried to silence me. They had really strong methods for silencing me. I was broken down; I could not smile any more"

Governments normally have more access to sociological information. They normally find out which phenomenon is moving a society towards brave thinking & protesting. Over the history, in many cases, where an opponent idea was expressed through text or prose, it was tolerable for kings & authorities, but when it turned to poetry, it was not tolerable anymore. In the book Poetry Language in Sufi by M. R. Sh. Kadkani page 46 we read "In history of Islam, there were people who were specialist in logic & wisdom, they did not accept religious claims, they lost their life due to having such an idea. They just refused religious invitation by their wisdom, and they were killed or having such ideas in poems"

ادامه ـــــــ توقع یک از شعر: قدرت داشتن شعر

در کتاب پری کوچک دریا اثر عبدالعلی دستغیب ص 39 به نقل از فروغ می خوانیم "فشار زندگانی، فشار محیط و فشار زنجیرهایی که به دست و پایم بسته بود، و من با همه نیرویم برای ایستادگی در مقابل آنها تلاش می کردم، خسته و پریشانم کرده بود. می خواستم یک زن، یعنی یک بشر باشم. می خواستم بگویم که من هم حق نفس کشیدن و حق فریاد زدن دارم. دیگران می خواستند فریادهای مرا بر لبانم و نفسم را در سینه ام خفه و خاموش کنند. آنها اسلحه های برنده ای انتخاب کرده بودند و من نمی توانستم بیشتر بخندم" حکومت ها معمولا بیشترین دسترسی به اطلاعات جامعه شناختی را دارند و سریعتر متوجه می شوند کدام پدیده بیشتر از بقیه دارد یک جامعه را به حرکت، تفکر شجاعانه، روشنفکری و شورش هل می دهد. در طول تاریخ بشر در اکثر موارد، وقتی یک مفهوم در حد متن و شوخی و یا قهر افراد و عدم حضور در دربار حاکمان ابراز می شد، قابل تحمل بود، ولی اگر به شعر در می آمد، دیگر قابل تحمل نبود. در کتاب زبان شعر در کتاب نثر صوفیه اثر م. ر. ش کدکنی ص ۴۶ می خوانیم "در تاریخ (صدر) اسلام جمعی (شاعران و غیر شاعران) که خود را اهل منطق و خرد می دانسته اند، از پذیرفتن ایمان سر باز زده اند، و کسانی که جان خویش را بر سر این گونه اندیشه از دست داده اند، متفکرانی بودند که به پیروی از خرد خویش، منکر ایمان و هدایت الهی شدند"

Cont. 1st expectation from a poem: power

In the book Heidegger on Poetry, what is Sudeep Sen for? By Toms Kencis page 2 we read "Heidegger, highly aware of the determination and limitations of metaphysics, saw poetry as one of the ways leading back to the original purpose of philosophy, speaking about the being and origins"

If a poet arranges strong phrases for us, and we focus on weaknesses in rime and meter and downgrade or reject his/her work, we do something unfair and cruel towards the world of poetry and towards conscience of mankind.

All poetic parameters are important at the same level. We as critics should spend enough time to evaluate presence or absence of all poetic parameters in a new poem. We must avoid concentrating on one parameter and ruin new work of a poet, due to our jealousy or low-level attitude.

ادامه ـــــــ توقع یک از شعر: قدرت داشتن شعر

در کتاب هایدگر و شعر، سودیپ سین در دنیای شعر چه کارهایی می کند، اثر تامس کنسیس ص 2 می خوانیم "هایدگر در مقالاتش تاکید دارد که متافیزیک فعلی بشر برای اندیشیدن بسیار محدود است و شعر یکی از راه‌هایی است که ما انسان ها با آن می توانیم از بودن مان در جهان و از ریشه های فرهنگ بشری سخن بگوییم و به اندیشه ورزی ادامه دهیم"

اگر یک شاعر عبارات قدرتمندی برای ما بیاراید و ما به بهانه ضعف در قافیه و وزن و معنا، او را دلسرد کنیم، به شعر و شاعری و شعور بشر ظلم کرد ایم.

تمام پارامترهایی که معرفی می کنیم، به یک اندازه مهم اند و باید حضور یا غیبت همه پارامترها را در یک شعر بررسی کنیم، نه این که بر یکی تمرکز کنیم و به دلیل حسادت یا کوچکی فکر و مغز خودمان، زحمت یک شاعر را تحقیر کنیم.

2nd expectation: metaphor & other devices

One of those things that enriches poems compared to simple text and prose, is simile. Simile is comparing one subject to another subject/object. At a more complete way, it goes beyong simile, and it becomes a metaphor, in which a subject is described as being another subject/object. Both technics may be also used in simple text and prose, but in poetry, it is normally done in a shorter and more beautiful way. In the book Fiction in Persian Poetry by M. R. Sh. Kadkani page 7 we read "Poetry is nothing out of a pleasant simile, a desirable metaphor and a good rythm"

In the book Fiction in Persian Poetry by M. R. Sh. Kadkani page 7 we also read "Aristotle used to say in his books that beauty and power of a speech are created by its good metaphor" In the book Fiction in Persian Poetry by M. R. Sh. Kadkani page 8 we read "D. Loimann British poet considers image and imagination as the key feature in poetry. Many other aspecs may change, but image & metaphor shoud remain in poetry. This is the rule of poetic writing"

توقع دو: استعاره و سایر آرایه ها

یکی از دلایلی که شعر را زیبا می کند، و بالاتر از متن ساده و بالاتر از نثر می نشاند، تشبیه یک چیز به چیز دیگر یا آرایه تشبیه و در نوع کاملتر آن، استعاره است. هر چند اینها فقط دو آرایه از دویست و اندی آرایه ادبی در شعر هستند، ولی تاثیرشان چشمگیر است. این اتفاق (تشبیه و استعاره) در نثر هم می افتد، ولی در شعر بسیار کوتاه تر و دلنشین تر رخ می دهد. در کتاب صور خیال در شعر فارسی اثر م. ر. ش. کدکنی ص 7 می خوانیم "ابن رشیق قیروانی در قرن پنج هجری شمسی در العمده نقل کرده است که شعر چیزی است که مشتمل بر تشبیهی خوش و استعاره ای دلکش باشد و در ماسوای آنها، گوینده را فضل وزنی خواهد بود و بس" در کتاب صور خیال در شعر فارسی اثر م. ر. ش. کدکنی ص 7 همچنین می خوانیم "از ارسطو نقل کرده اند که شیوایی کلام در زیبایی استعاره های آن است" در کتاب صور خیال در شعر فارسی اثر م. ر. ش. کدکنی ص 8 می خوانیم "دی لویمن، شاعر انگلیسی می گوید ایماژ یا خیال پردازی در شعر یک عنصر ثابت است، حوزه الفاظ و خصوصیات وزنی و عروضی شعرها دگرگون می شود، حتی موضوعات شعرها تغییر می کند، اما استعاره باقی می ماند، استعاره، آن قانون حیاتی شعر و محک اصلی شعر است"

Cont. 2nd expectation: metaphor & other devices

In the Booklet Of Similes in Poetry by Shapour Najafi page 4 we read

"Simile is considering two things to be similar to each other, in one or more common aspects. Let's see some examples. Your lips are open for smiling, just like a flower. Bread and water may go away, just like a flooded river. Do not flatter yourself, don't do it like spring season of a year. Love is rarely found, just like treasures. Metaphor is considering two things to be similar, without mentioning both of them, and by mentioning only one of those two things. A flower is appearing on her face (flower indicates a smile, and the word SMILE is not written) Farhads are dead in mountains (Lovers similar to the famous ancient lover Farhad are dead due to hardship of love route. The word LOVER is not written) Mansour Hallajs are hanged by dictators and cruel judges (Great thinkers similar to the famous author Mansour Hallaj are killed due to lack of freedom of speech. The word THINKER is not written)"

ادامه ـــــ توقع دو: استعاره و سایر آرایه ها

در جزوه تشبیهات در شعر اثر شاپور نجفی ص 4 می خوانیم "تشبیه همانند کردن دو یا چند چیز نسبت به همدیگر در امر یا صفتی است که میان آنها مشترک باشد. تو هم چون گل ز خندیدن لبت با هم نمی آید (وجه شباهت: باز بودن لبها به دلیل خنده زیبا) این نان و آب چرخ، چو سیل است بی وفا (وجه شباهت: بی وفایی) خویشتن آرای مشو چون بهار (وجه شباهت: غرور و خود آراییدن) کیمیای عشق (وجه شباهت: گرانبها و نایاب بودن)

استعاره همان تشبیه است که تشبیه شونده یا تشبیه شده، حذف شده باشد. گل بر چهره اش نشست (استعاره صریح: لبخند مثل یک گل/ حذف لبخند). لبخند بر چهره اش شکفت (استعاره پنهان: لبخند مثل یک گل/ حذف گل و فقط باقی گذاشتن اثرات و افعال و نشانه های گل یعنی شکفتن) چه فرهاد ها مرده در کوهها (استعاره صریح: عاشق ها مثل فرهاد/ حذف عاشق ها). چه حلاج ها ها رفته بر دارها (استعاره صریح: اندیشمندان مثل حلاج/ حذف اندیشمندان)"

Cont. 2nd expectation: metaphor & other devices

More examples of simile. In Persian song by Omid, we read "I respectfuly tell you, I am alive again, due to your presence around my dead body (my sadness), spend some of your love treasure for me, and keep loving me. In above example, love is called to be similar to a treasure. In the book Metaphor Trends in Contemporary Persian Poetry by Mina Mostafavi page 25 we read "Using metaphor is not done exclusively by poets. All people use some sort of metaphors in day-to-day language"

We can say the first time a person uses a specific metaphor; it is a poetic act in language. If a metaphor is widely used by people in streets, it is not poetic anymore.

It feels good somewhere in our brain, when we see something is written in front of us, but we have to think as it doesn't exist and we should assume other things are present right here in the text. Such a playful and mischievous brain we do have.

ادامه ـــــــ توقع دو: استعاره و سایر آرایه ها

عرضم به حضورت باز جونی گرفتیم از برکت نورت/ از خزانه عشق کمی هم خرج ما کن/ از ثروت عشق و از گنج غرورت/ ترانه امید. عشق به خزانه تشبیه شده است. عشق به ثروت تشبیه شده است. غرور دلبر به یک گنج تشبیه شده است. در کتاب سیر استعاره در شعر امروز اثر مینا مصطفوی ص 25 می خوانیم "ساخت استعاره تنها مختص به شاعر نیست، همه مردم استعاره می سازند و از آن برای بیان پیام آشکار و ضمنی خود کمک می گیرند. نوعی گیاه را گاوزبان و یکی از اجزای جلوبندی خودرو را سگ دست می گویند" البته می توانیم بگوییم نخستین بارها که این استعاره انجام گرفت، یک هنرمندی شاعرانه به وقوع پیوست و به تدریج به گفتار روزمره و عادی بدل گشت و از حالت شاعرانه خارج شد.

یک بخشی از مغز ما حس خوبی پیدا می کند وقتی ببیند یک چیزی جلوی ما نوشته شده ولی باید تصور کنیم که چنین چیزی نوشته نشده، بلکه چیزهای دیگری مقصود بوده اند و جلوی ما در متن وجود دارند و حی و حاضر دارند راه می روند. عجب مغز بازیگوش و شر و شور و دلقک صفت و بد جنسی داریم ما.

Cont. 2nd expectation: metaphor & other devices

In the book Metaphor Trends in Contemporary Persian Poetry by Mina Mostafavi page 30 we read "Metaphor is used to exaggerate a feature. Naderpour Iranian poet says: A horsewhip hit the sky, and blood of rain fell on my brain. He used horsewhip as a metaphor for sky thunder lightning and thunder lightning is not clearly written"

Also in the book Metaphor Trends in Contemporary Persian Poetry by Mina Mostafavi page 33 we read "Naderpour says: I was awake the whole night, morning came to me and stole my sleeping status. A thief is a metaphor for the morning time. A thief is not written"

Once more, in the book Metaphor Trends in Contemporary Persian Poetry by Mina Mostafavi page 34 we read "Nima Yushij says: You the bird, are you remembering any tree branches from your past? Or you forgot all? In this example, a human with ears is a metaphor for the bird, and he/she is listening. A human with ears is not written"

ادامه ـــــــــ توقع دو: استعاره و سایر آرایه ها

در کتاب سیر استعاره در شعر امروز اثر مینا مصطفوی ص 30 می خوانیم "مراد از کاربرد استعاره، اغراق تاکید و عینی کردن امور است.

شلاق، خون روشن باران را / / از آسمان زخمی، بر مغز من چکاند/ نادرپور/

شلاق استعاره از صاعقه (نوع صریح، به دلیل حذف نشدن واژه شلاق و همراه با ذهن ما آمدنش در ادامه تصویر سازی) دو واژه باران و آسمان بیانگر (این کاربرد و دلالت) است" مجددا در کتاب سیر استعاره در شعر امروز اثر مینا مصطفوی ص 33 می خوانیم "همه شب سر به سر بیدار بودم / سحرگاهم ربود از دست، خوابی / نادرپور

دزد استعاره از سحرگاه است که خواب او را ربوده است (نوع پنهان یا مکنیه، به دلیل حذف واژه دزد). همچنین در کتاب سیر استعاره در شعر امروز اثر مینا مصطفوی ص 34 می خوانیم "ای مرغ در قفس ز کجا یاد کنی/ یاد از کدام شاخه شمشاد کنی؟ /نیما یوشیج. انسان شنونده استعاره از مرغ است که در قفس به حرف شاعر گوش می دهد" (نوع پنهان، به دلیل حذف عبارت انسان شنونده).

Cont. 2nd expectation: metaphor & other devices

In the book Metaphor trends in Contemporary Persian Poetry by Mina Mostafavi page 38 we read "Sohrab Sepehri says: I came to you, I came to you, doors and windows of your home are blooming, alley floor gets ready for accepting me. Flower is a metaphor for doors, and the word FLOWER is not written in the poem"
In an Adele song, we hear:
That heart you caught must be waiting for you.
"That heart" is a metaphor for the beloved one. In here. Heart is acting like he/she is there and is waiting.
In a haiku poem by Kay F. Anderson, we read:

    five years
    in the wrong window:
    the violet's first bloom

The violet flower is a metaphor for his beloved one (or his subject's beloved one). She was in relation with the poet (or poet's subject) and now, she wants to file for a divorce (Are we sorry for her? No, it's her righteous right).

ادامه ـــــــ توقع دو: استعاره و سایر آرایه ها

در کتاب سیر استعاره در شعر امروز اثر مینا مصطفوی ص 38 می خوانیم "آمده ام، آمده ام، پنجره ها می شکفند/ کوچه فرو رفته به بی سویی، بی هایی، بی هویی/ سهراب سپهری. گل استعاره از پنجره است و باز می شود یا می شکفد (نوع پنهان، به دلیل حذف واژه گل). در ترانه ای از خانم ادل خواننده انگلیسی، می شنویم که با سوز و گداز و برشته شدن جگر خویش قر می دهد و می گوید: قلبی که اسیر خودت کرده بودی، منتظر تو می ماند، می ماند. در اینجا "آن قلب" استعاره از خود معشوق است. قلب به گونه ای نقش ایفا می کند که گویی خود صاحب قلب حضور دارد و کار دشوار انتظار کشیدن را انجام می دهد.
در یک شعر هایکو (شعر کوتاه و تقریبا تک تصویری) از کای_اف_اندرسون می خوانیم "به مدت پنج سال، در پنجره اشتباهی، درخشید، آن گل بنفشه ای که هنوز، مثل روز اول زیبا می درخشد"
گل بنفشه استعاره از معشوق است که بعد از پنج سال، نا مهربان شده و خواهان طلاق است (متاسف نیستیم برایش. چون طلاق حق مسلم اوست).

Cont. 2nd expectation: metaphor & other devices

Mina Mostafavi, as advised by her professor in university, analyzed all books of 5 contemporary Iranian poets. She extracted useful statistics about interest of each poet to each type of simile, and to each type of metaphor etc. She calculated how many thousands time each one of these poets used a specific poetic figure. In the book Metaphor Trends in Contemporary Persian Poetry by Mina Mostafavi page 108 we read "Five Iranian poets were very interested in use of metaphor. See the table of percentage and portion o each type o metaphot in their poems.

Poet's name	Visible metaphor	Hidden metaphor
Nima	10 %	83 %
Akhavan	53 %	40 %
Sepehri	4 %	79 %
Naderpour	5 %	77 %
Shamloo	20 %	68 %

Nima is ranked the 1st when it comes to use of hidden metaphors in beautiful ways."

ادامه ـــــ توقع دو: استعاره و سایر آرایه ها

خانم مصطفوی به توصیه استاد راهنمای خود در دانشگاه، تمام آثار پنج شاعر مهم معاصر را خوانده و صفحه به صفحه، سطر به سطر، نوع تشبیه ها و استعاره ها و برخی آرایه های دیگر را شمارش کرده است و سپس تعیین کرده که از چند ده هزار استعاره فلان شاعر، چند درصد از نوع اول یا سوم هستند. در کتاب سیر استعاره در شعر امروز اثر مینا مصطفوی ص 108 می خوانیم: "نسبت انواع استعاره در شعر شاعران معاصر:

	استعاره صریح	استعاره پنهان
نیما	٪ 10	٪ 83
اخوان	٪ 53	٪ 40
سپهری	٪ 4	٪ 79
نادرپور	٪ 5	٪ 77
شاملو	٪ 20	٪ 68

و نیما از لحاظ درصد استفاده از استعاره های پنهان، در عبارات زیبایش، در صدر قرار دارد"

Cont. 2nd expectation: metaphor & other devices

In the Booklet of Similes in Poetry by Shapour Najafi page 23 we read "Sometimes it is observed that teachers make mistake and call a noun and an adjective to be a simile. It is a wrong assessment. Because a simile needs one noun (not adjective) to be compared to another noun (not adjective)"
Hundreds of nettles of troubles came from my crazy heart, any time I sat comfortable without havig my lover around me. Nettles of troubles is a simile. Troubles in life are compared to sharp nettles beside any soft flower. Crazy heart is not a similie. Because crazy is an adjective and heart is a noun"

Invisible man (or woman) is a worldwide ancient metaphor for the cause of frequently unseen and disbelieved horrors of domestic abuse. A positive-opposite way of such metaphor is Simorgh in Shahnameh. This powerful bird is often unseen but aware of troubles for Zaal and Rostam.

ادامه ـــــــ توقع دو: استعاره و سایر آرایه ها

در جزوه تشبیهات در شعر اثر شاپور نجفی ص 23 می خوانیم "بعضا دیده می شود که اساتید صفت و موصوف معمولی و غیر شاعرانه را تشبیه ذکر می کنند که اشتباه و از روی نا آگاهی است. آرایه تشبیه، حتما نیاز دارد که یک اسم (و نه صفت) به یک اسم دیگر (و نه صفت دیگر) همانند شده باشد. در بیت
صد خار بلا از دل دیوانه ما خاست/ هر روز که بی ساقی گل چهره نشستیم
خار بلا آرایه تشبیه است، مصیبت و بلا (اسم) به درد و رنج شدید یا خار (اسم) همانند شده است. گل چهره آرایه تشبیه است، صورت زیبا و چهره (اسم) به گل (اسم) همانند شده است. ولی دل دیوانه آرایه تشبیه نیست، جون دل (اسم) و دیوانه (صفت) و کنار هم یک صفت و موصوف عادی اند"
مرد نامرئی (یا زن نامرئی) یک استعاره کهن و جهانی است که در کشورهای مختلف دارای سابقه و نمونه است. او به عنوان انجام دهنده و علت قتل ها و جنایت های مکرر در یک منطقه جغرافیایی معرفی می شود. استعاره از یک جنایتکار که رد پایی از او نداریم. بر عکس و از نوع مثبت و مفید آن، استعاره سیمرغ در شاهنامه را داریم. یک پرنده قوی که اغلب نامرئی است، ولی آگاه از مسائل و مصائب زال و رستم است.

Cont. 2nd expectation: metaphor & other devices

In the Booklet of Similes in poetry by Shapour Najafi page 29 we read "A phrase can be a simile, and then the whole phrase can be metaphor for another thing. You, the morning, welcome to my day, now I send you to visit a sun of loyalty. Sun of loyalty is a simile. And then, the whole phrase (Sun of loyalty) is a metaphor for the lover. The world LOVER is not clearly mentioned here and we just guess it through indications in other phrases.

Again in the Booklet of Similes in poetry by Shapour Najafi page 40 we read "Rostam put a wood in his war bow. In this poetic phrase, an arrow was put in his war bow, but the poet didn't mention the word ARROW. Wood is a metaphor for arrow"

ادامه ـــــــ توقع دو: استعاره و سایر آرایه ها

در جزوه تشبیهات در شعر اثر شاپور نجفی ص 29 می خوانیم "یک مصرع یا یک عبارت می تواند آرایه تشبیه باشد، و سپس کل آن عبارت، استعاره از چیز دیگری که واژه اش در شعر ذکر نشده، باشد. مثال:
ای صبحدم ببین که کجا می فرستمت
نزدیک آفتاب وفا می فرستمت
آفتاب وفا تشبیه است، میزان وفا و وفاداری معشوق به حدی است که مثل آفتاب، واضح و روشن و عظیم و منبع گونه است. حالا کل عبارت (آفتاب وفا) استعاره از معشوق است"
ما هیچ اثری حتی در حد یک ضمیر کوچک، از معشوق در واژه های این بیت نمی بینیم.
مجددا در جزوه تشبیهات در شعر اثر شاپور نجفی ص 40 می خوانیم "تهمتن گز اندر کمان راند زود. در اینجا تیر توی کمان قرار داده شد ولی واژه تیر ذکر نشده، بلکه گز یا درخت گز ذکر شده و استعاره پنهان است. همچنین کل درخت گز ذکر شده در حالی که فقط تیری از جنس گز در کمان رستم نهاده شد و مجاز جنسی/استعاره است. جنس تیر از گز بوده است" می تواند در حکایات مشابه، پولاد یا مفرغ نیز قرار بگیرد.

Cont. 2nd expectation: metaphor & other devices

In the Booklet of Similes in poetry by Shapour Najafi page 46 we read "Equivocality (allusion) is another important poetic figure. It is using a word or a phrase with two or more meanings, and then adding indications and signs for justifying those 2-3-4 meanings in mind"

An example is:
Tired, of the gift she took, woke up, hating the book, straight in her eyes, sky was looking, teachers still shocking, school way way muddy, sit with me buddy. The book can be referred to the holy book, the Bible. It can also be one of books in a school, let's say a biology book.

Another example of alluision: The property tycoon, named his housing society, Eden Garden. Property tycoon can be a rich man or it can be religious God as a trick for business with brain of people in human history.

ادامه ــــــــ توقع دو: استعاره و سایر آرایه ها

در جزوه تشبیهات در شعر اثر شاپور نجفی ص 46 می خوانیم "ایهام نیز آرایه مهمی است و به این صورت است که شاعر واژه یا عبارتی به کار ببرد که دو یا چند معنی داشته باشند و قرائن موجود در ابیات، برای اثبات هر دو یا چند معنا کافی باشند مثال: اگر دو چشم تو مست مدام خواهد بود/ خروش و مستی ما بر دوام خواهد بود. اگر کسی بگوید مدام به معنای شراب است، به آسانی می تواند با کمک سایر نشانه ها و اشارات بیت، ادعایش را به پیش ببرد و اثبات کند. همچنین اگر کسی بگوید مدام به معنای همیشگی است، باز هم به آسانی می تواند با کمک سایر نشانه ها و اشارات بیت، از ادعایش دفاع کند. شاعران بزرگ در این زمینه با گنجاندن دو یا سه ایهام در یک بیت، قدرت نمایی می کردند و در مجلس شاهان، شاعر تر بودن خود را به رخ حاضران می کشیدند"

نام گذارده بود، کشاورز ثروتمند ده ما، باغ عدن، باغ خویش را.
کشاورز ثروتمند هم می تواند یک مرد / زن ثروتمند باشد و هم می تواند خدا و بهانه تجارت در ادیان باشد.

Cont. 2nd expectation: metaphor & other devices

In the book Fiction in Persian Poetry by M. R. Sh. Kakdani page 402 we read "In the era of ancient Iranian poet Hanzaleh Badgheysi (9th century A.D.) similes were simple and mono-aspect comparing type, but in a short poem by Hanzaleh Badgheysi, we can see several comparisons together, and it is a sign o his greatness. Also, some critics believe such a great complex poem cannot be told in that era:

My love throws incense on incense seed burner
To keep herself unharmed by bad-eyed jealous people
And from my point of view, she doesn't need incense and fire
Because her face is a true fire and ber bindi dot is a true incense"

Can you say such a great poem to make future generations praise you and enjoy your historical poem? If not, at least you can cause improvement in poetry by other poets, and the right way is correct criticism.

ادامه ـــــــ توقع دو: استعاره و سایر آرایه ها

در کتاب صور خیال در شعر فارسی اثر م. ر. کدکنی ص 402 می خوانیم "در نیمه اول قرن سوم هجری، تشبیهات اغلب ساده و تک وجهی بودند ولی در دو بیت از حنظله بادغیسی، تشبیه پیچیده و تفصیلی آمده است و از فرط پختگی و کمال و استدلال، برخی منتقدان در انتساب آن به حنظله و دوران او تردید می کنند:

یارم سپند اگر چه بر آتش همی فکند
از بهر چشم، تا نرسد مر ورا گزند
او را سپند و آتش ناید همی به کار
با روی همچو آتش و با خال چون سپند"

آیا می توانی شعری بسرایی که نسل های آینده آن را بخوانند و از قدرت شاعری تو به وجد بیایند؟ معلوم است که نمی توانی، ولی لااقل می توانی با نقد صحیح شاعران، زمینه شکوفایی شعر دیگران را فراهم کنی.

Cont. 2nd expectation: metaphor & other devices

In the book Fiction in Persian Poetry by M. R. Sh. Kakdani page 331 we read "impersonating of fire and giving human characteristics to fire flames and making metaphor with fire is widely done in Iran culture, and it's root goes back to ancient literature and Zoroastrian religious practices and considering fire as a holy thing. Phrases like death of candles and killing a fire are examples"

In the book Fiction in Persian Poetry by M. R. Sh. Kakdani page 390 we read "Insultive poems also use similies and metaohors, and other devices like exaggeration. Insultive poems are not as widely told and discussed as praising poems, of which, a majority was told to praise kings. Use of exaggeration poetic device is easier than use o metaphor poetic device"

ادامه ـــــ توقع دو: استعاره و سایر آرایه ها

در کتاب صور خیال در شعر فارسی اثر م. ر. کدکنی ص 331 می خوانیم "آن چه در باب مردن شمع و کشتن آتش در زبان فارسی می توان جستجو کرد، این است که این استعاره از خصایص فرهنگی ایرانی برخاسته و در زبان فارسی جنبه لغوی به خود گرفته است، زیرا در محیط زردشتی به وجود آمده است، محیطی که در آن آتش مقدس است و این تقدس و تعظیمی که دارد، شخصیت استثنایی و ممتازی به آتش می بخشد"

همچنین در کتاب صور خیال در شعر فارسی اثر م. ر. کدکنی ص 390 می خوانیم "هجو و ناسزاگویی نیز از همان عنصر اغراق مایه می گیرد ، ولی گاه تشبیه و کنایه بیشتر بر آن حاکم است، به خصوص در نمونه هایی که از شاعران اواخر قرن چهارم داریم و ابیات پراکنده ای که در فرهنگها (فرهنگ لغت ها) موجود است. شاید اگر هجو سرایی در وضعی قرار می گرفت که به اندازه مدح و ستایش گسترش یابد، عنصر اغراق در هجو نیز جای تشبیه و کنایه را می گرفت، زیرا خلق هنری در حوزه تشبیه و استعاره دشوارتر از نوع عادی اغراق است"

Cont. 2nd expectation: metaphor & other devices

In the book Fiction in Persian Poetry by M. R. Sh. Kakdani page 78 we read "Sometimes a poet compares something with itsel. For example, Rumi says: in a morning that was like a morning, darkness was gone away"

In the book Fiction in Persian Poetry by M. R. Sh. Kakdani page 161 we read "The most important book about similies and metaphors is Anis-Ol-Oshagh or sincere friend of lovers, written by Sharaudin Raami. He collected a huge number of metaphors and similies in Persian poetry, and classified it creatively in 19 chapters, including 1) similies and metaphors about hair 2) S_M about forehead 3) S_M about eyeborow 4) S_M about eye 5) S_M about eyeliner 6) S_M about face 7) S_M about body lines and curves 8) S_M about bindi dots 9) S_M about lips 10) S_M about teeth 11) S_M about sexy hot mouth 12) S_M about chin 13) S_M about neck 14) S_M about general beauty or prettiness 15) S_M about forearm, 16) S_M about hand fingers and foot fingers 17) S_M about body height 18) S_M about middle parts of body and sexual organs shaved or hairy 19) legs extended or closed"

ادامه ـــــ توقع دو: استعاره و سایر آرایه ها

در کتاب صور خیال در شعر فارسی اثر م. ر. کدکنی ص 78 می خوانیم "در مواردی شاعر، یک چیز را به خودش تشبیه کرده است، مثل مولانا/ صبحدمی همچو صبح پرده ظلمت درید"

در کتاب صور خیال در شعر فارسی اثر م. ر. کدکنی ص 161 می خوانیم "در خصوص بررسی تشبیهات و استعاره ها، مهمترین کتابی که وجود دارد، کتاب انیس العشاق شرف الدین رامی است که تشبیهات و استعارات شاعران فارسی زبان را از میان اشعار مختلف استخراج کرده و در فصولی چند گرد کرده است. این کتاب که در نوزده باب و یک خاتمه تالیف شده است، فقط شامل استعاره ها و تشبیهاتی است که شاعران درباره اندام های معشوق آفریدند و فصول آن بدین گونه است: باب اول موی، باب دوم جبین، باب سوم ابرو، باب چهارم چشم، باب پنجم مژگان، باب ششم روی، باب هفتم خط، باب هشتم خال، باب نهم لب، باب دهم دندان، باب یازدهم دهان، باب دوازدهم زنخدان، باب سیزدهم گردن، باب چهاردهم بر، باب پانزدهم ساعد، باب شانزدهم انگشت، باب هفدهم قد، باب هجدهم میان، باب نوزدهم ساق"

Cont. 2nd expectation: metaphor & other devices

In the book Fiction in Persian Poetry by M. R. Sh. Kakdani page 38 we read "All interpreters of Aristotle books consider two things as key issues in enjoying from poetry, one is: human brain naturally has the capacity for accepting similies. The second is: people normally enjoy rhythm and harmony"

In the book Fiction in Persian Poetry by M. R. Sh. Kakdani page 71 we read "similies can be joyful and good, only if they are made in an artistic way to expand imagination of readers. Conditional similie is also interesting. It is comparing something to another thing, as per some conditions and if so, if then. Ferdowsi in Shahnameh says: The daughter of China's king was as beautiful as the moon, if we assume the moon already has two beautiful stranded hair bands. Ama'agh says: If a small animal like an ant is able to speak, is a hair is able to have a brain and think, I am that ant, I am that hair, I am all impossible things to find you and to love you"

In any rhetorical (formal art, academic literature and linguistic) article about poetry, similie and metaphor are almost always discussed, I correct, not almost, literally always.

ادامه ـــــــ توقع دو: استعاره و سایر آرایه ها

در کتاب صور خیال در شعر فارسی اثر م. ر. کدکنی ص 38 می خوانیم "همه شارحان ارسطو رمز لذت بردن از شعر را در دو چیز دانسته اند، نخست این که استعداد محاکات و تشبیه در ذات انسان نهفته است، دوم این که انسان از وزن و الحان لذت می برد"

در کتاب صور خیال در شعر فارسی اثر م. ر. کدکنی ص 71 کدکنی می خوانیم "تشبیه در صورتی که از پایه های ذوقی و هنری برخوردار باشد، می تواند جنبه خیالی موضوع را وسعت بیشتری دهد. تشبیه مشروط، عامل اغراق را به گونه ای دیگر می نمایاند، چنان که در شعر فردوسی می بینیم: یکی دختری داشت خاقان چو ماه/ اگر ماه دارد دو زلف سیاه، و نیز در شعری از عمعق: اگر موری سخن گوید و گر مویی میان دارد/ من آن مور سخنگویم من آن مویم که جان دارد"

در هر مقاله آکادمیک و ریتوریک درباره شعر، تقریبا همیشه اشاره ای به تشبیه و استعاره می شود، البته باید حرفم را اصلاح کنم، تقریبا صحیح نیست، بلکه دقیقا همیشه، لیترالی همیشه.

Cont. 2nd expectation: metaphor & other devices

In addition to use of metaphor as a poetic device, the term metaphor is also sometimes used as a word in poems. Nouredin Jaami Iranian ancient poet says: I got a message from you. I heard you are coming to see me, my love / I got very excited and happily waiting you/ You are always perfect/ I cannot describe your beauty directly / My only way of talking about your beauty is the use of metaphors.

Saaeb Tabrizi Iranian ancient poet says: The earth is made empty of any awakened soul/ Jesus Christ could not stay here in our baby crying cradles / You must look at my words in a non-poetic way / Do not ley my beautiful metaphors to fool you.

Vahid Ghazvini Iranian ancient poet says: At a well-built city, I had to go to schools and visit clerics/ my regret of religious learning hurt my lips/ you may hear this event and this injury as a metaphor for my lover's kiss.

ادامه ____ توقع دو: استعاره و سایر آرایه ها

علاوه بر صنعت ادبی استعاره، از خود واژه استعاره در ابیات شعرها استفاده می شود؟ آری. نورالدین جامی به معشوق خیالی اش می گوید: پیغام جفا و جور دادی / خوشوقت شدیم از این بشارات / نتوان ز حقیقت تو تعبیر / بی تشبیهات و استعارات.

صائب تبریزی می گوید: خالی شده است از دل آگاه مهد خاک / عیسی دمی نمانده در این گاهواره ها / در حسن بی تکلف معنی نظاره کن / از ره مرو به خال و خط استعاره ها.

وحید قزوینی می گوید: آنجا که همیشه باد آباد/ سوی فقها گذارم افتاد / حسرت که لبم نمود پاره / از بوسه اوست استعاره.

Cont. 2nd expectation: metaphor & other devices

Asir Shahrestaani Iranian ancient poet says: I cried a lot over your separation, and the sky got reddish / my star of destiny also became a red star / in my poems I used the sun as a metaphor for your beautiful face / I am now ashamed for using such a weak and irrelevant metaphor / your face is much different and much prettier than the sun / Ganjoor.net .

Iraj Mirza Iranian poet says: When you go to public prayers and Menbar cleric seat, make good wishes for our ministers / if for some reason you cannot wish good things honestly for them, do it in a fake way please / in western countries they use our seniors as a metaphor for good managers.

ادامه ـــــــ توقع دو: استعاره و سایر آرایه ها

اسیر شهرستانی می گوید: تا شد ز گریه ام شفقی رنگ آسمان / چون داغ لاله غوطه به خون زد ستاره ام / خورشید را چو عارض او گفته ام اسیر / شرمنده کرد دوری آن استعاره ام/ سایت گنجور.

ایرج میرزا می گوید: سر منبر وزیران را دعا کن / به صدق ار نیست ممکن، با ریا کن / از آن با کله در کار اداره / فرنگی ها نمایند استعاره.

Cont. 2nd expectation: metaphor & other devices

Another beautiful poetic device is alliteration, which is the repetition of the same consonant sound at the beginning of a series of words in succession. The purpose is to provide an audible pulse and beauty. Examples:
Peter Piper picked a peck of pickled peppers (alliteration by repeating Pi sound)

What was the place, what was the name? We wanna wait, here we go again. (Alliteration made by repeating Wa sound)

Little old lady got mutilated late last night (alliteration made by repeating La)

Said I'm so sick of love songs, so sad and slow. (Alliteration by repeating So)

We're music makers, so let's make music. (Alliteration by repeating M)

Practice. Write a new short poem and make alliterations with some repeated letters of your own name.

ادامه ـــــــ توقع دو: استعاره و سایر آرایه ها

آرایه دیگر، واج آرایی است که تکرار یک یا چند واج صامت در شعر می باشد، به گونه ای که بر موسیقی شعر بیفزاید و حسی دلنشین خاص را تداعی بخشد. مثال: قیامت قامت و قامت قیامت/ قیامت می‌کند این قد و قامت. تکرار حرف "ق"
بر او راست خم کرد و چپ کرد راست/ خروش از خم چرخ چاچی بخواست. واج آرایی با صدای "چ" و "خ"
من از گفتن می‌مانم، اما زبان گنجشکان، زبان زندگی جمله های جاری جشن طبیعت است. واج آرایی با صدای "ج"
خیزید و خز آرید که هنگام خزان است. واج آرایی با صدای "خ" و سپس با صدای "ز"
شب است و شاهد و شمع و شراب و شیرینی. واج آرایی با صدای "ش"
با حرف پرتکرار در نام و نام خانوادگی خودتان سه مصرع بگویید و بنشینید نقدش کنید و بر شاعرانگی اش بیفزیید.

Cont. 2nd expectation: metaphor & other devices

We should care not to make a common mistake. Alliteration doesn't work with alphabet letters, it only workd with sounds. "He keeps the kitchen calm and clean" is an example of alliteration by repeating "Ke" sound, although the appaearance and letters are different.
"The cyclist carries chocolate" is NOT an example of alliteration. Because the letter "C" is not repeating a same sound.
"Through tough tsunami waters" is NOT an example of alliteration. Because the letter "T" is not repeating a same sound.

When another critic raises hand and speaks about alliterations found in the poem being discussed, you can double check his/her finding and confirm it or reject it. She/he may make a mistake, and may mention alliteration with alphabet letters.

ادامه ـــــــ توقع دو: استعاره و سایر آرایه ها

در این درگه که گه گه که که که و که که شود ناگه. واج آرایی با صدای "گ" و سپس با صدای "ک"
ژکوند ژنده پوش ژرف اندیش/ به گاه ژاله آمد کژدمین ریش. واج آرایی با صدای "ژ"
خیال خال تو با خود به خواب خواهم برد/ که تا ز خال تو خاکم شود عبیر آمیز. واج آرایی با صدای "خ"
رشته ی تسبیح اگر بگسست معذورم بدار/ دستم اندر دامن ساقی سیمین ساق بود. واج آرایی با صدای "س"

آنچه در تشخیص واج آرایی مهم است، نحوه تلفظ و آوا و خوانش کلمات است و نه شکل املایی و نوشتاری کلمه ها. یعنی اگر در بیتی چهار واج یا حرف "ز" شنیده بشود می تواند به چهار وضع نوشتاری ز، ذ، ظ و ض باشد و این تفاوت املایی، مشکلی (مانعی) برای تشخیص و تایید آرایه واج آرایی به وجود نمی‌آورد.
وقتی در هنگام نقد شعر، یک نفر دست بلند می کند و در مورد یافتن واج آرایی در یک شعر مورد بحث در همان جلسه، صحبت می کند، ما می توانیم کشف او را همانجا بازبینی کنیم و تایید کنیم یا رد کنیم و بگوییم به فلان دلیل، این بیت نمی تواند مصداق واج آرایی باشد.

Cont. 2nd expectation: metaphor & other devices

Another poetry device is assonance. Assonance is a literary device that repeats similar vowel sounds in nearby words in a line, like "hear the mellow wedding bells". Assonance made by repeating “e” sound. “Wait, how should I make my way to the lake?” Assonance made by repeating “a” sound. “No, no, I don’t know what’s going on, just go, go” Assonance made by repeating “o” sound.
“Let’s meet the cheery man with the sheep on the corner of the street” Assonance made by repeating “ee” sound.

During poetry criticism sessions, we can start our review by finding assonance. We can also say, for example: Dear poet, in your 3rd line, you could replace the word watch with see, and replace escape with flee, and replace release with free, to make a beautiful assonance case, and add to the existing beauty of your poem.

ادامه _____ توقع دو: استعاره و سایر آرایه ها

آرایه بعدی هم آوایی است، که تکرار یک یا چند مصوت (و نه صامت) در شعر می باشد، به گونه ای که بر موسیقی شعر بیفزاید و حسی دلنشین خاص را تداعی بخشد. مصوت‌ها: ـَ ، ـِ ، ـُ ، آ ، ای، او.
مثال "یار مرا غار مرا عشق جگرخوار مرا/ یار تویی غار تویی خواجه نگهدار مرا" واج آرایی با مصوت "آ"
خوابِ نوشینِ بامدادِ رحیل/ بازدارد پیاده را ز سبیل. هم آوایی با مصوت "اِ "
"ابر و باد و مه و خورشید و فلک در کارند/ تا تو نانی به کف آری و به غفلت نخوری" هم آوایی با مصوت " ـُ "
روشن‌ترین همنشینِ شبِ غربت تو/ ای همنشینِ قدیمِ شبِ غربتِ من. هم آوایی با مصوت "اِ "

در نشست های نقد شعر می توانیم بگوییم: شاعر عزیز، در سطر سوم (مثلا) می توانستی به جای دیو از غول و به جای نامبارک از شوم و به جای زیستگاه از زادبوم و سایر واژه های نزدیک از لحاظ معنایی و مضمونی، استفاده کنی و یک آرایه هم آوایی بر زیبایی های فعلی شعرت بیفزایی.

Cont. 2nd expectation: metaphor & other devices

Another device is enjambment, it is a literary device in which a line of poetry carries its idea or concern or thought over to the next line without a grammatical pause and without discontinuity. With enjambment, the end of a poetic phrase extends past the end of the poetic line and keeps story telling alive. This means that the thought or idea steps over the end of a line in a poem and into the beginning of the next line and maximize interconnection between lines. An example rom Shakespeare:

Life is but a walking shadow, a poor player
That struts and frets his hour upon the stage
And then is heard no more: it is a tale
Told by an idiot, full of sound and fury,
Signifying nothing.

ادامه ـــــــ توقع دو: استعاره و سایر آرایه ها

پرش جمله ها یا تداوم عبارت ناقص یا انجامب_منت، آرایه بعدی است. در هنگام به کار بردن این آرایه، شاعر یک جمله ناقص می گوید، و بدون این که از زیبایی های شاعرانه بکاهد، بدون این که بگذارد کیفیت اثرش به سطح متن و نثر فرو کاسته شود، همان جمله را در یک یا دو سطر بعد و در ادامه شعر خود، تکمیل می کند.

مثال از باران قیصری: اینگونه عاشق بوده ای / که صدای باران را / واژه به واژه / دوستت دارم، دوستت دارم/ بشنوی؟

مثال از سهراب سپهری: کجاست جای رسیدن / و پهن کردن یک فرش / و بیخیال نشستن؟

Cont. 2nd expectation: metaphor & other devices

Hyperbole is our next poetic device. It is obvious and intentional exaggeration for emphasis on an emotion or feeling or event. Examples:
"That purse looks like it costs a million dollars" price is exaggerated.

"My sons feel buried under a mountain of work" amount of work and jobs are exaggerated. "I love her more than life itself" romantic feeling is exaggerated.
"When there is no tomorrow" joy or it's approximate opposite feeling (disappointment) are exaggerated. "I'm the king of the world" romantic love or current prosperity is exaggerated. "There are only three ages for women in Hollywood, babe, district attorney, and driving Miss Daisy" reducing body attraction is exaggerated.

"The best thing about visiting the President is the food" importance of delicious food is exaggerated.

ادامه ـــــ توقع دو: استعاره و سایر آرایه ها

آرایه بعدی که در هنگام نقد شعر، توجه به آن به درد می خورد، آرایه اغراق است. در این آرایه، یک حس یا یک عاطفه یا یک رخداد به طور واضح، بزرگنمایی می شود "بگذار تا بگریم چون ابر در بهاران / کز سنگ ناله خیزد وقت وداع یاران" شدت گریه و دلتنگی برای رفیقان بزرگنمایی شده است.
"هر شبنمی در این ره، صد بحر آتشین است/ دردا که این معما شرح و بیان ندارد" شبنم راه عشق بزرگنمایی شده است "ز سمّ ستوران در آن پهن دشت/ زمین شش شد و آسمان گشت هشت"
از ضربه سم کوفتن اسب ها و زیاد شدن تعداد سوارکار ها، یک طبقه از هفت طبقه زمین به صورت گرد و خاک به آسمان رفته و در نتیجه زمین شش لایه یا شش طبقه شد و آسمان هشت طبقه یا هشت لایه شد (با فرض این که هفت لایه بودن زمین و هفت لایه بودن آسمان در علم قدیم و در کتب قدیم را بپذیریم)
"خروش آمد از باره ی هر دو مرد/ تو گفتی بدرّید دشت نبرد" فریاد و شیهه دو اسب بزرگنمایی شده است.
"هرچه ماهی باشد اندر قعر دریا خون شود / گر سموم هیبتش بر قعر دریا بگذرد" تاثیر راه رفتن حیوان یا انسان بر روی دریا بزرگنمایی شده است.

Cont. 2nd expectation: metaphor & other devices

Our next device is idiom. It is use of a well-known expression in a poem. These expressions are defined by culture or geographical territory of a language. "Starting a new business, he remembers the point, it may cost him an arm and a leg" costing someone's arm and leg is an expression for saying something is very difficult and expensive.

Idioms widely used in a country or region, may be totally strange and non-recognizable in other cultures and languages. Adele in a song says "If you're not the one for me/ Why do I hate the idea of being free? / Don't pretend that you don't want me / Our love ain't water under the bridge" Being water under the bridge is an expression or idiom, referring to events once were very important in the past and not important anymore now. Several singers/poets have works with this phrase or alike "My heart is an open book, and your heart is a dark mistery" being an open book is an expression or idiom, referring to things which are easily expressed, easily understood, easily known.

Dear reader of this book, which category does your heart fall into?

ادامه ــــــــــ توقع دو: استعاره و سایر آرایه ها

آرایه دیگر، تمثیل است. تمثیل یعنی استفاده از مثل ها، ضرب المثل ها، و اصطلاحات رایج در جامعه برای تشریح و بیان یک منظور و رساندن یک اشاره یا پند و اندرز در یک شعر "قلب من اندازه مشت منه/ مشتم رو برای تو وا می کنم/ مارتیک" باز کردن مشت خود، یک مثل است و به معنای جلو آمدن با صداقت کامل و بدون پنهان کاری و بدون قصد فریب است. "من اگر نیکم اگر بد تو برو خود را باش/ هر کسی آن درود عاقبت کار که کِشت" درو کردن چیزی که قبلا در مزرعه کاشته ایم، یک مثل است و به معنای نتیجه گرفتن هر فرد بر اساس اقدامات قبلی خود اوست "دل من نه مرد آن است که با غمش برآید / مگسی کجا تواند که بیفکند عقابی" ناتوانی مگس در برابر عقاب یک مثل است و اشاره به از قبل مشخص بودن نتیجه یک مبارزه احتمالی دارد. "از حادثه لرزند به خود، قصر نشینان/ ما خانه به دوشان غم سیلاب نداریم/ صائب" خانه به دوش بودن یک مثل است و اشاره دارد به کسی که ثروت مالی خاصی و ملک و میراثی ندارد.

خواننده عزیز. حال و روز خودت در زندگی شبیه کدام مثل رایج است؟ آیا برای حال و روز خودت شعری سروده ای؟ یا اوضاعت خیلی خیط تر از این حرفهاست؟

Cont. 2nd expectation: metaphor & other devices

One more of good devices is onomatopoeia. It means a word that imitates or evokes or simulates the sound of the thing it refers to or it describes "Taking me back down the vista of years, till I see a child, sitting under the piano, in the boom of the tingling strings / D.H. Lawrence" Boom is onomatopoeia and it refers to the boom sound of a piano.

"The gushing stream flows in the forest slowly and gently" gushing sound like a river or a water stream. "Deep in the forest though/ the stone fell into the river with a splash" splash sounds like water reaction to a newly thrown stone "In the dark street, she reached my home window, hit the window with a hammer, banged and banged on the wall" bang sound like a hammer hitting a window and a wall for destroying a building and forced entry. "I read your last letter, sent two months ago, I click on your profile photo" click sounds like a computer mouse or a smartphone screen touch.
"Come on, let's go for our sake, we are so late, tick-tock" tick-tock sound like a wall clock showing time passing or waiting for an event.

ادامه ـــــــــ توقع دو: استعاره و سایر آرایه ها

آرایه جذاب دیگر، نام آوایی است. این آرایه به معنای کاربرد واژگانی است که هنگام خوانده شدن، صدایی شبیه پدیده مورد بحث را دهند. شر شر باران، زیر نور مهتاب، نبودن تو را بر سر من کوبیده" شر شر صدایی شبیه صدای باریدن باران دارد "هیس، هیچ نگو، وقتی قرار نیست، از ماندن ترانه ای بسرایی ام" هیس صدایی شبیه فردی دارد که مخاطب را به سکوت دعوت می کند.
"همه وسایل در کوچه می افتادند و منتظر ما نمی ماندند، تالاپ تولوپ، رسید به گلهایی که هدیه تو بودند" تالاپ تولوپ صدایی شبیه سقوط اجسام و پخش شدن آنها بر روی آسفالت را می دهد "آه، صبح شد دوباره، نبودنت را یادم میاره" آه صدایی شبیه حرف زدن یک آدم غمگین دارد.
"وز وز باد می دمد در چمن خیال من" وز وز به هنگام خوانده شدن، حرکت باد و نسیم را تداعی می کند.
"خزان شد و پاییز برگهایش را، با خش خش، به کف همان خیابان سرکش، دعوت می کند" همزمان که چشم مخاطب واژه خش خش را روی کاغذ شعر نظاره می کند، صدای افتادن برگ درختان را در گوش خود حس می کند.

Cont. 2nd expectation: metaphor & other devices

Why not move on to personification device? Personification is giving human characteristics and behaviors to non-human things nincluding animals and plants and lifeless things. “Bank was closed, opportunity was knocking on my door” opportunity is given a human ability of knocking by fingers. “Mushrooms were fried in hot oil and calling my name” mushrooms are given a human behaviour, calling someone’s name, asking someone to approach. “When we come into the garden, you and I, the stars of heaven will come to gaze upon us/ Rumi” The capacity of walking and coming is given to round stars. “The cow jumped over the moon; the little dog laughed, to see such sport, and the dish ran away with the spoon / Mother Goose” dishes are given a human-feature of running.

“I’d love to take a poem to lunch, or treat it to a wholesome brunch, of fresh cut fruit and apple crunch, I’d spread it neatly on the cloth, beside a bowl of chicken broth/ Denise Rodgers” A poem is personified in a poetic way. What a co-incidence? Are you so good in writing your new poems?

ادامه ــــــ توقع دو: استعاره و سایر آرایه ها

نوبتی هم که باشد، می رسیم به آرایه شخصیت انسانی دادن. به کی؟ به انسان ها؟ نه خیر. به غیر انسان ها. "طبیعت، این در برابر هنر، ابله و کور/ کورچه" ویژگی ابله بودن و نادانی و بی شخصیت شدن که مخصوص انسان ها است، با کمال احترام به طبیعت تحویل داده شده است. "اَبر از شوقِ کِه می خَندد بدین سان قاه قاه؟" ویژگی انسانی یعنی خندیدن و قهقهه زدن به ابر داده شده است. "شوق می‌آمد، دست در گردن حس می‌انداخت، فکر بازی می‌کرد" ویژگی آدمیزادی مثل صمیمی شدن و دست در گردن کسی انداختن به شوق داده شد. ویژگی دیگر انسانی یعنی بازی کردن به فکر نسبت داده شد. "ای نسیم سحر آرامگه یار کجاست؟/ منزل آن مه عاشق کش عیار کجاست؟" نسیم مثل یک انسان حرف گوش کن، دارد به حرف شاعر گوش می دهد. "آسمان تعطیل است/ بادها بی‌کارند/ ابرها خشک و خسیس/ هق‌هق گریه خود را خوردند"بادها مزین به صفت انسانی بیکاری شدند و ابرها مرتکب خسیس بازی شدند. "می خواهم یک شعر را به ناهار دعوت کنم/ به صرف آب سیب/ دنیس راجرز" در اینجا، شخصیت انسانی به شعر داده شد، آن هم به عنوان یک آرایه شعری. چه حسن تصادف قشنگی؟ آیا در سرودن شعر جدیدت همینقدر چیره دست خواهی بود؟

Cont. 2nd expectation: metaphor & other devices

How to find repetition device? Repetition is used both as a poetic figure or device and as one of aspects of story set-up and structure, especiallly when dealing in motifs. In poetry, using the same phrase or word or expression repeatedly allows the audiences to settle into a comfortable rhythm, offering them a sense of pleasure and familiarity even if they've never read that genre before. "This forest is a nice place, a pleasant space, perfect yard to stay, but I have miles to go before I stop, I have miles to go beore I sleep"

Another example "Our cities, our fates are intimately linked to one another, a disaster for one, is a disaster for all"
"Suddenly there came a tapping, as of someone gently rapping, rapping at my chamber door/ Allan Poe"

"Their melody foretells, how they tinkle, tinkle, tinkle, in the icy air of night / Allan Poe"

ادامه ـــــــــ توقع دو: استعاره و سایر آرایه ها

آرایه تکرار، تکرار یک یا چند کلمه است در شعر، به شکلی که بتواند موسیقی درونی شعر را بهبود بخشد و تاثیر سخن را بیشتر سازد. تکرار وقتی پدید می‌آید که کلمه‌ای دو دفعه یا بیشتر تکرار شود. تصدیر نوعی آرایه تکرار است، که در آن واژه‌ای در ابتدا و پایان یک بیت آورده می‌شود. در بیت زیر از سعدی تصدیر وجود دارد "آدمی در عالم خاکی نمی آید به دست/ عالمی دیگر بباید ساخت وز نو آدمی"

آرایه تکرار در شعر ملوی بلخی "گیرم که سحر رفته و شب دور و دراز است/ در کوچه ی خاموش زمان، گام شمایید/ ایّام ز دیدار شمایند مبارک/ نوروز بمانید که ایّام شمایید"
مثال دیگر از آرایه تکرار "طیران مرغ دیدی تو ز پای بند شهوت / به در آی تا ببینی طیران آدمیت" یک نمونه دیگر از آرایه تکرار "گفتی ز خاک بیشترند اهل عشق من/ از خاک بیشتر نه که از خاک کمتریم"

Cont. 2nd expectation: metaphor & other devices

Another poetic device is irony. Irony is implying a distance between what is said and what it can be meant, and it has a portion of fun content sometimes. It needs the reader to have some contextual famliarization to get the point. Example 1 "Our government support plan is like a fire station burning in fire" Example 2 "Did you hear a marriage counselor filing for divorce? I heard it today" Example 3 "Through a post on Telegram App, she explained how Telegram can be useless for communication in the world"

Example 4 "Today I'm a traffic cop whose license is suspended" Example 5 "I am thrilled to read your 800 pages report in the remaining few minutes before the meeting" Example 6 "Shakespeare's Romeo thought Juliet was dead while the audience knew the fact, she was just purposely poisoned to fake her own death" Exampe 7 "They were lucky couples, if they both could change"

Exampe 8 "A girl is calling her friend, she is responding live on telephone: Hello besty, I just met my dream man, and his wife"

ادامه ـــــ توقع دو: استعاره و سایر آرایه ها

آرایه بعدی طعنه و کنایه است. کنایه بیان یک واژه یا عبارت در معنای غیر از معنای رایج است و با هدف انتقاد یا شوخی با یک فرد و یا دراماتیک کردن ماجرا. در کنایه، فاصله ای بین آن چه در ظاهر گفته می شود و آنچه برداشت می شود وجود دارد و این فاصله برای دانسته شدن، مستلزم داشتن اطلاعات زمینه ای توسط مخاطب می باشد. "فلانی کج دست است" به معنای این که دست او دارای انحنای غیر عادی و فیزیکی باشد، نیست، بلکه به معنای دزد بودن اوست. "مگوی آن چه هرگز نگفته است کس/ به مردی مکن باد را در قفس" منظور فردوسی این نیست که کسی کنار قفس یک پرنده بایستد و با دهانش در قفس بدمد، بلکه منظورش انجام کار بیهوده و بی تاثیر است و به کنایه گفته است. "که چندین بپیچم که اسفندیار / مگر سر بپیچاند از کارزار" دو دفعه فعل و واژه پیچاندن در حالت کنایه و در معنایی غیر از پیچاندن فیزیکی بدن و سر فرد، به کار رفته است. دفعه اول "بپیچم" یعنی من که رستمم، اصرار کنم و برای قانع کردن او تلاش و تقلا کنم. دفعه دوم "بپیچاند" یعنی اسفندیار منصرف شود از جنگیدن و به حرف من راضی شود و صلح کند.

Cont. 2nd expectation: metaphor & other devices

Let's talk shortly about a number of short quotations. As a poetic device, a quotation is the repetition of a sentence, phrase, couplet, or passage from speech or text that someone has said or written or dreamed of. It is sometimes the representation of an utterance, for example, Mike said "I saw Mary today"

We can quote a line or words from Dylan Thomas for example, using quotation marks or italics. Mentioning Thomas in the poem is one option. We can also reference Thomas in the title or in a note afterward, or in a footer.

We can use inverted commas to make sure that the reader knows that they aren't our words.

ادامه ـــــــــ توقع دو: استعاره و سایر آرایه ها

آرایه تضمین یعنی آوردن یک یا چند بیت یا مصرع یا عبارت از شاعران یا نویسندگان یا نمایشنامه نویسان دیگر در شعر خود. سعدی می گوید: من از آن روز که در بند توام آزادم/ پادشاهم که به دست تو اسیر افتادم حافظ می گوید: حافظ از جور تو، حاشا که بگرداند روی / "من از آن روز که در بند توام، آزادم" حافظ در این بیت، یک مصراع از بیت سعدی را تضمین کرده است.

شهریار می گوید: چه زنم چو نای هر دم ز نوای شوق او دم / که لسان غیب خوش تر بنوازد این نوا را "همه شب در این امیدم که نسیم صبحگاهی / به پیام آشنایی بنوازد آشنا را" بیت دوم را شهریار از حافظ تضمین کرده است.

حافظ می گوید: خیز تا خاطر بدان ترک سمرقندی دهیم / کز نسیمش "بوی جوی مولیان آید همی" او در این بیت یک مصراع از شعر رودکی را تضمین کرده است.

Cont. 2nd expectation: metaphor & other devices

Another poetic device is Cacophony, combination of phrases or words with loud and harsh sounds and unharmonious sounds, usually to emphasize disorder or unhappy feeling. Example 1: She sells seashells down by the seashore.
Example 2: He grunted and in a gruff voice said: Give me that trash and I'll throw it out.
Example 3: He is a rotten, dirty, terrible, trudging, stupid dude.

Example 4: Klarissa Klein drives an old, grumbling Cadillac which has a crumpled bumper and screaming, honking horn.
Example 5: Shining in the sky so bright, like a tea tray in the night.

Example 6: Macbeth/ Out, damned spot! Out, I say! One, two. Why, then, it is time to do it. Hell is murky.

ادامه ـــــــ توقع دو: استعاره و سایر آرایه ها

آرایه تنافر یا کاربرد ترکیب حروف و واژه های گوش خراش و دشوار، که منظورش نشان دادن خشم و نارضایتی شاعر است. مثال یک: کلمه‌ی عهخع (اشترخان) است که چون از حروف حلقی ترکیب شده تلفظ آن دشوار است. مثال دو: دو دهان داریم گویا همچو نی / یک دهان پنهانست در لب های وی / مولوی بلخی. مثال سه: بر دران ای دل تو ایشان را مایست / پوستشان برکن کشان جز پوست نیست / مولوی بلخی. هم پنهانست و هم پوستشان به دلیل ساکن بودن "ن" و "ت" وسط این واژه ها، به سختی خوانده می شوند.

مثال چهار: خواجه تو چه تجارت کنی؟ چندین "ج" و "چ" کنار هم باعث دشواری در خوانش می شود. مثال پنج: گر تضرع کنی و گر فریاد / دزد، زر باز پس نخواهد داد.
کلمات "دزد" و "زر" و "باز" در کنار یکدیگر به آسانی تلفظ نمی‌شوند.

Cont. 2nd expectation: metaphor & other devices

A euphemism is a word or phrase that softens an uncomfortable topic. It uses figurative language to refer to a situation without having to confront it directly. Example 1: If someone was recently fired, they might say "she/he is between jobs" a common euphemism for being unemployed. Example 2: Instead of saying a person is poor, a poet might say "He/she is economically disadvantaged in our disordered society"

Example 3: A poet will not say: David broke up with Alice, the poet might prefer to say "David needed some space"

Example 4: In a poetic book you possibly will not read: Thatcher was a liar; the poetic book will tell you "Thatcher was just creative with the truth and its concept"

George Orwell's 1984, euphemistic language is used to portray the propaganda. It utilizes "joy camp" instead of "forced-labor camp" as well as "mini pax" for "minister of war.

ادامه ـــــــــ توقع دو: استعاره و سایر آرایه ها

می رسیم به آرایه حسن تعبیر یا یوفمیزم، که بیانی است مجازی و از جهاتی به کنایه شباهت دارد. در حسن تعبیر از جانشینی یک کلمه نیکوتر برای کلمه دیگر و یا یک اصطلاح به جای اصطلاح دیگر بهره می گیریم و این کار برای اجتناب از به کارگیری اصطلاحات برخورنده و ناخوشایند و یا بسیار تلخ است. فرهنگ ها و زبان های مختلف اینگونه اصطلاحات را در خود دارند. در چونتال از شیطان با تعبیر "برادر بزرگ تر" نام می برند زیرا بردن نام شیطان ترسناک است و به مثابه این است که شاید شیطان بشنود و خیال کند صدایش کرده ایم و ناگهان از در درآید. در فنلاند به جای آنکه بگویند: او به زندان افتاده است، می گویند فلانی در هتلش نشسته است. این آرایه تا حدی شباهت دارد به حسن تعلیل، به معنای "نیکو دلیل آوردن" ممکن است یک شاعر بنویسد: تیم استقلال مفتضحانه شکست خورد بدین سال سخت، ولی یک شاعر دیگر حسن تعبیر را در دستور کار خود قرار دهد و بگوید "سوت پایان زده شد و تیم استقلال طبق معمول بدون امتیاز میدان مسابقه را ترک کرد" حسن تعبیر برای مفهوم پیری و کهنسال شدن: پر از برف شد کوهسار سیاه (فردوسی) چو کوه سپیدش سر از برف موی (سعدی) سپید شد چو درخت شکوفه دار سرم (جامی).

Cont. 2nd expectation: metaphor & other devices

Proceeding with poetic devices, we reach metonymy, in which a word or phrase is substituted for another word or phrase that is closely connected and associated wit. "In a snowy morning/ I kissed her, hearing/ Kyiv rejected cease fire while entering/ to Moscow ring road"
Kyiv is a metonymy, because it is replacing the phrase "Ukraine Government Officials"

"I need to decide if I will go Greek in college next year" Greek is metonymy for "sorority or fraternity membership"

"I met her at the reception when she took me for a spin during a metal song" Spin is metonymy for "dance"

"Today at lunch, I will sit with the jocks" Jocks is metonymy for "athletes"

ادامه ـــــــ توقع دو: استعاره و سایر آرایه ها

ادامه می دهیم و می رسیم به دگرنامی. در این ارایه ادبی، یک واژه نوشته می شود که در واقع یک واژه یا مضمون دیگر و بسیار نزدیک یا مرتبط با واژه مکتوب، منظور و مقصود شاعر بوده است. مثال "قبل از سفر، با دلهره، مکث کردم، که هماهنگ کنم با خانه" خانه برای بیان خود خانه و دیوارها و سقفش نیست، بلکه برای اطلاع دادن و هماهنگی با خانواده است.

مثال "به دست آورد او کرسی و جایی" کرسی منظور خود کرسی یا صندلی نیست، بلکه منظور مقام و منصب است.

مثال "به شب هنگام صدایم کرد و یک میز مفصل چید" منظور شاعر خود میز نیست، بلکه غذاهای روی میز و چیدن شام است.

3rd expectation: provoke emotions

We agreed not to focus on meaningfulness, and to expect other things. Remember? Another reasonable expectation from a poem for analyzing, is to see if the poem provokes and develops any emotional feelings among us, the audences, or not. If we hear a poem and we feel no emotions, we can doubt its classification as a poem.

In the book Fiction in Poetry by M. R. Sh. Kadkani page 25 we read: "Emotions include sadness, epic, bravery, wonder, happiness and so on. A real poem makes the audience to emphatize with him/her on one of the above emotional statuses. The poet must be the first person who feels that way. Theorisians consider emotions as love, respect, wonder, happiness, hatered, humiliation, fear, sadness and alike"

In the book Rightful Poem Unmasked Poem by A. H. Zarinkoub page 54 we read "When a poet compares snow particles with white pigeons, who lost their seasonal migration route due to the fear imposed by a nearby flying eagle, the audiences feel cold and at the same time, enjoy flight of pigeons in the sky"

توقع سه: حالت عاطفی در مخاطب

توقع دیگر از شعر، به هنگام نقد شعر، این است که به جای جستجوی معنای دقیق در شعر، بررسی کنیم و ببینیم که آیا این شعر در ما مخاطبان، حالت عاطفی ایجاد کرده است یا از ابتدا تا انتهای شعر، بی تفاوت بوده ایم. در کتاب صور خیال در شعر فارسی اثر م. ر. ش. کدکنی ص 25 می خوانیم "منظور از عاطفه، اندوه یا حالت حماسی یا اعجابی است که شاعر از رویداد حادثه ای در خویش احساس می کند و از خواننده یا شنونده می خواهد که با وی در این احساس شرکت داشته باشد. نمی توان به یقین پذیرفت که امکان آن باشد که هنرمندی حالتی عاطفی را به خواننده خویش منتقل کند، بی آن که خود، آن حالت را در جان خویش احساس کرده باشد. برخی اندیشمندان عواطف را به عشق، احترام، اعجاب، شادی، کینه، حس تحقیر، ترس، اندوه و امثال آن تقسیم بندی می کنند" در کتاب شعر بی دروغ شعر بی نقاب اثر غلامحسین زرین کوب ص 54 می خوانیم "وقتی شاعر دانه های برف را تشبیه می کند به کبوتر های سفید که راه خویش را از هیبت باز گم کرده اند، انسان بسا که هم سرمای برف را احساس می کند و هم از فکر تماشای پرواز کبوتران سفید، احساس لذت و اعجاب می کند"

Cont. 3rd expectation: provoke emotions

For provoking and activating our emotions, a poet needs to show us some sort of tension or disagreement. This is a key aspect in emotional exaggeration. We've read many poems where the poet said concepts like these at the very beginning: They invited me to somewhere and I never wanted to go. Or, It was a dark night and I was so scared. Or, Jennifer entered the room angrily. Or, my pet cat was exhausted by my behaviors.

All such cases, can make confrontation between two or more things. If so, you as a reader, are encouraged by the poet to think of moral judgement, or empathizing, or feeling a responsibility, or wanting to advise a point to some character in that poem. By a poetic confrontation and tension, you start reviewing the concept of disagreeing with an unfair order to a jailed person, for example.

You may read a poem and you feel bad, sad, mad, unhappy or glad, hungry or scared so bad. Any of those conditions, indicate successfulness of the poet to transfer a feeling to you and you must praise it in your criticism essay or your speech note about that poem.

ادامه ــــــ توقع سه: حالت عاطفی در مخاطب

برای تحریک حس عاطفی، نیاز است که یک تنش و تقلا و کشمکش توسط شاعر به مخاطب نشان داده شود و این بسیار مهم است. بسیار دیده ایم که شاعر در ابتدای شعر مضمون هایی می گوید از جمله: مرا به جایی فرا می خوانند و من تمایل ندارم. یا، شب بود و ترسیده بودم. یا عاطفه با عصبانیت وارد شد. یا گربه ام از دست من کلافه شده بود. همه این ها و موارد دیگر، دو یا چند پدیده را در مقابل هم قرار می دهند و شما را در موقعیت قضاوت اخلاقی، یا همدلی، یا احساس مسئولیت، یا نیاز به نصیحت یک شخصیت، و یا نپذیرفتن ظلم به یک اسیر قرار می دهند. ممکن است شما شعری بخوانید و احساس بدی به شما دست بدهد و اندوهگین شوید، از خشم دیوانه شوید، ناراحت شوید یا خشنود گردید. هر کدام از این حس و حال ها که بخورد به شما از دل قیل و قال ها، بیانگر این است که شاعر در سرودن شعرش، موفق بوده و توانسته یک کار شاعرانه و یک گل غیر آفساید را به زیبایی به ثمر برساند. در این گونه مواقع، شما منصف باشید و در هنگام تهیه مقاله انتقادی یا متن سخنرانی و غیره، اینها را بگنجانید و از شاعر تقدیر کنید که توانسته حس و عواطف و درونیات شما را برونی کند و برانگیزد، آن چه برانگیختنی بود.

Cont. 3ʳᵈ expectation: provoke emotions

Emotional status is different in different people. People are normally having different levels of sensitivity, different memories, different bad experiences & different efforts to expose or hide their emotional feelings. Some people (wrongfully) believe that showing emotions is a shameful and ugly thing. They do their best to hide all emotions in front of others. Taking all these factors in account, a better poet, is the one who is able to affect on emotions of bigger portion of people in a society. Political leaders, especially dirty merciless dictators, of which we have so many around us, try to hide their emotions. Their hearts are made of stone. One of such dictators was Aleksandr III Tsar of old Russia/ Soviet Union. One of his recreational activities was to loudly read letters and books written by proisoners about punishments in his concentration camps, and then laugh to those pages and tortures. One day, he was doing that. He reached a book. The name was not clear, memories from the house of something. He reached page 4 and he couldn't resist anymore. He cried and cancelled the rest of his Royal meeting. Why the text was so powerful? Because it was written by Fyodor Dostoevsky.

ادامه ـــــ توقع سه: حالت عاطفی در مخاطب

حالت عاطفی در افراد مختلف متفاوت است، و بر اساس درجه احساساتی بودن و شدت خاطرات تلخ/شیرینی که دارند و بر اساس فاصله زمانی که از آخرین خاطره تلخ/شیرین شان گذشته، حالات عاطفی خفیف یا شدید بروز می دهند. برخی انسان ها (به اشتباه) بروز حالت عاطفی را زشت و مایه آبروریزی می دانند و تلاش می کنند عواطف خود را پنهان نگه دارند و به اصطلاح، توی خود بریزند. با لحاظ کردن جمیع موارد، شاعر قویتر کسی است که بتواند بخش عظیم تری از جامعه را درگیر احساسات مد نظر خود کند. حاکمان و به ویژه دیکتاتورهای بی رحم و بی شخصیت و لجن، که دور و بر خودمان هم فت و فراوان ریخته، معمولا دلی از سنگ دارند و در برابر قویترین شعرها و صحنه های درام مقاومت می کنند. یکی از اینها، تزار روس الکساندر سوم بود. تفریح این آقا الکس چی بود؟ تفریحش این بود که نامه ها و کتابهایی که زندانیان درباره جنایات اردوگاه کار اجباری نوشته بودند را با صدای بلند برای درباریان می خواند و می خندید. رسید به یک کتاب. اسمش واضح نبود ولی تقریبا می شد خاطرات فلان در خانه اموات. صفحه چهارم را خواند و زد زیر گریه و جلسه درباریان منحل شد. چرا تحت تاثیر قرار گرفت؟ چون نویسنده آن کتاب فئودور داستایوفسکی بود.

4th expectation: freedom of speech

One more of the criteria affecting quality of a poem, is freedom of speech and releasing from pain and pressure. History of mankind is full of suppression over freedom of speech and punishing thinkers, just because of thinking and expressing it in poems or other arts. Poets were very active in condemning suppression and fighting for freedom of speech. The art of poetry itself, is an effort in the way of freedom. A poet generously decorates a space and adds some images, then he/she leave the place without a strict conclusion or verdict. By such an act, the poet says: I don't have the right to block the way of your own conclusion. I prepared some steps, the rest is on your shoulders, you the reader, you enjoy it.

In the book Rightful Poem Unmasked Poem by A. H. Zarinkoub we read "I argued with my brother and my friend, Khalil Zarreh, a poet. We loudly discuss about the level of freedom in each one of art fields. Mr brother Khalil claimed that the highest form of freedom occurs in poetry, compared to painting, music, writing, film making etc. I disagreed at first, but my brother Khalil could convince me. He was right. Poetry is pure freedom"

توقع چهار: آزادی بیان و عبور از رنج

یکی دیگر از مولفه هایی که بر شاعرانگی می افزاید، مقوله آزادی بیان است. تاریخ بشر پر است از سرکوب اندیشه و قفل زدن بر زبان و قلم ها. شاعران به شیوه خود در مقابل سرکوب ایستادند و قربانی شدند. خود شعر، در معنای عام، به رسمیت شناختن آزادی بیان در کلام است. وقتی شاعر، متواضعانه فضایی را تزئین می کند و بدون حکم واضح، بدون نتیجه قطعی، بدون جمعبندی از مخاطب دور می شود، با بلندترین فریادها می گوید من حق ندارم برای توی مخاطب تصمیم بگیرم. حق ندارم به جای تو بیندیشم. در کتاب شعر بی دروغ شعر بی نقاب غلامحسین زرین کوب ص40 و 41 نویسنده ماجرای درگیری لفظی با فامیل و دوست شاعرش خلیل ذره را بازگو می کند. با خلیل مجادله می کند بر سر این که شعر چیست و شاعر تا کجا آزاد است و چه خدمتی به آزادی دیگران می کند. خلیل می گوید "هنرمند در شعر بیشتر از سایر هنرها آزادی واقعی را حس می کند، چیزی که در هیچ هنر دیگر به این اندازه دست یافتنی نیست" زرین کوب در ادامه استدلال خلیل را می پذیرد و می نویسد "در واقع حق با برادرم خلیل بود. هیچ هنرمند دیگر به قدر شاعر، قدرت و امکان آفرینندگی ندارد، یعنی قدرت بخشیدن صورت های تازه را به ماده و غیره"

Cont. 4th expectation: freedom of speech

Norman O. Brown (died 2002) Mexican philosopher said: "Freedom is poetry, taking liberties with words, breaking the rules of normal speech, violating common sense. Freedom is violence" When we criticize a poet and give negative score to him/her due to not being meaningful, we are like a person who asks rioters to follow police rules during their street riot and protest days "Is it normal" as Mr. Hosein Ghadiri repeatedly said in his poetic weblog for sharing North Iran poetry.

A poet keeps unfair behaviors of his/her beloved partner at the same corner as he keeps unfair behaviors of a government. Then the poet attacks both of them strongly and enthusiastically.

Mr. Ghadiri north Iranian blogger keeps sharing Northern sea-related poems and asking "Is it normal for our city Rasht poet to say A and B etc?" Then he responds in long articles and explains the idea of "Well, a poet should not be normal" A poet greets a warm summer sun and a cold winter snowball, and talks to them, in the way that everbody realizes he/she is talking to a king/politician & complains about his cruel orders /commands. Even the king himself knows it. Kings know that poets do not like Kings' order, for example. Only poetry lets people to create such a type of freedom of speech.

ادامه ــــــ توقع چهار: آزادی بیان و عبور از رنج

فیلسوف مکزیکی نورمان او. براون می گوید "آزادی همان شعر است، گریختن از نحوه کاربرد واژگان، شکستن گفتگوی عادی، خشونت بر علیه عقل سلیم رایج. آزادی شعر است و شعر، آزادی است. آزادی خشونت است" هر گاه شعر را نقد کنیم و به دلیل معنادار نبودن، امتیاز منفی دهیم، شبیه کسی می شویم که به شورشیان در یک شهر توصیه کند قوانین پلیس را در روزهای اعتراض خیابانی، رعایت کنند "آیا این درخواست عادی و صحیح است؟" این جمله معروف جناب حسین قدیری در وبلاگ شعرهای محلی شمالی بود. شاعر با همپا قرار دادن ظلم معشوق و ظلم حکومت، به خود این امکان را می دهد هردو را بکوبد به گرز گران.قدیری شعر های شمالی-دریایی را منتشر می کند و می پرسد "آیا عادی و منطقی است که شاعر رشت ما فلان و بهمان کار و رفتار عجیب و غیر علمی و نامعقول به لحاظ فنی را انجام دهد؟ سپس در مقالات مفصل این ایده را تشریح می کند که "خب البته ایشان شاعر است و نباید هم عادی و منطقی بگوید" شاعر سخن خویش را با احوال پرسی با جناب تابستان داغ و نیز با جناب زمستان کولاکین، شروع می کند و با این دو فصل، جوری حرف می زند که انگار دارد با شاه یا حاکم صحبت می کند و می نالد. همه این را می فهمند. حتی خود شاه/حاکم نیز می داند که اعتراض شاعر به تابستان، اعتراض به فرمان های شاه است.

Cont. 4th expectation: freedom of speech

If you call yourself a political activist and recognize unjust behavior of a religious extremist ruler, well done. Thanks for your efforts. And please note that some poets could see a much wider range of the problem, higher than yours. There was a Middle Eastern poet, his name & his poem have uncertainties (ambiguity). He identified the root of governmental suppression over freedom of speech, is the idea of sin and sinful-tagging of people. He even found the root of forced hijab rule in the original sin. He provided fire making tools and set the fire on the original sin of all humams. By doing that, he wanted to support freedom of speech. He burns the original sin of Adam and Eve apple-eating party through his poems. While his mission is so big & liberational, is it fair to accuse him of not following scientific rules? Is it fair to ask for exact meaning? Is it just just to ask: why did you use a trailer for firewood carrying driven by a non-licenced driver? By now, we agree on the greatness of his poem and his concepts, burning the original sin. His name, Hafez Shirazi, who said "I whisper from the mouth of a victim, a poor sinner, a tortured scared bleeding human. I tell you, I set a huge fire on original sin of Adam-Eve. "

ادامه ــــ توقع چهار: آزادی بیان و عبور از رنج

اگر تو خودت را فعال سیاسی می دانی و رفتار ظالمانه یک حاکم دینی افراطی را تشخیص می دهی، دمت گرم، ولی شاعرانی بوده اند که بسیار گسترده تر از تو دیده اند و برای رهایی از ظلم، قدم هایی پیش از تو و بیش از تو برداشتند. یک شاعر خاورمیانه ای که هم شعرش و هم نامش ابهام دارند، ریشه سرکوب آزادی بیان را در ابداع شیوه گنهکاری در متون ادیان می داند. حجاب اجباری را در اصل دین و افراط در دین می داند و فکر اساسی می کند. هیزم جمع آوری می کند، کامیون اجاره می کند، هیزمها را به مقصد مهمی می رساند. او تقسیم انسانها به دو گروه، یعنی قدیسان و گنهکاران، را مضر می داند. می خواهد ریشه تفکر غیر انسانی را بسوزاند و انسانها را رها کند. هیزم ها را به گناه نخستین (سیب آدم و حوا) می رساند و آن بخش از تاریخ را کلا محو می کند. منصفانه است از کسی که اینقدر به فکر انسان و خرافات زدایی و آزادی بیان است، سوال منطقی-ریاضیاتی بپرسیم؟ آیا پذیرفته است از این شاعر بپرسیم چرا راننده کامیونی که هیزم را به مقصد رساند، بدون گواهینامه رانندگی بود؟ حال که با اهمیت این شعر آشنا شدیم، نام شاعر را هم گوییم. او حافظ شیرازی بود: از دلِ تنگِ گنهکار برآرم آهی / کآتش اندر گنَهِ آدم و حوا فکنم.

Cont. 4th expectation: freedom of speech

Alexis de Tocqueville in his book The Old Regime and The Revolution, perfectly explains how French Revolution 1799 and other French Revolutions strayed out of their route (freedom & social justice desire). Emotional & quick decisions and pushing educated persons aside were done at their extreme levels. It reached a crazy point where revolutionary parliament members said "Let's change all names of our provinces because those names were written by dirty pen of Louis the 16th or The Last". Revolutionary parliament members also said "Let's totally shut down the office of national road construction, because this office was founded by The Last"

de Tocqueville (who deserves to be titled as the best revolution historian of all times) believes one reason for such stupidity was closure of literature societies and poetry councils. de Tocqueville only recognizes a type of freedom of speech which is based on books, reasoning, poetry, theater and gradually achieved, not by extreme violence. When we analyze a poem, let's ask ourselves: Is this poem supporting beauty, freedom of speech, humanity and religious toleration, or not?

ادامه ـــــ توقع چهار: آزادی بیان و عبور از رنج

آلکسی دوو توکویل در کتاب انقلاب فرانسه شرح می دهد که چطور انقلاب فرانسه در 1799 و سپس انقلاب های پس از آن، به آسانی از مسیر اصلی که آزادی خواهی و عدالت اجتماعی خواهی بود، خارج می شدند. او به روشنی شرح می دهد که هیجانات و کناره گیری قشر فرهیخته و شاعران، به قدری شدید بود که فقط بی سوادهای بی عقل در عرصه باقی مانده بودند و در مجلس فرانسه فریاد می زدند "نام استانها را تغییر دهید، چون شاه لویی ملعون با قلم کثیفش نام این استانها را در نامه هایش نوشته بود" انقلابیون فرانسه سرمست و سرخوش از شبح آزادی، فریاد می زدند و خواهان منحل کردن اداره راهسازی فرانسه می شدند. چرا؟ چون آن اداره به دستور شاه ملعون تاسیس شده بود. دوو توکویل، که شاید بتوان گفت عمیق ترین انقلاب شناس در تاریخ بشر است، یکی از دلایل چنین حماقت هایی را، به حاشیه رفتن محافل ادبی و شعر می داند. دوو توکویل فقط آزادی بیانی را به رسمیت می شناسد که با ورق ورق کتاب و ا بیت بیت شعر و با تئاتر و بسیار تدریجی آفرید شده باشد و نه با تصمیمات تعصبی و عجولانه. در نشست های تحلیل شعر، از خود بپرسیم: شعری که برای نقد شنیدیم، در صورت ترویج، چه نقشی در فرهنگ سازی، آزادی خواهی، زیبایی ها، مداراگری دینی، کثرت پذیری، صلح دوستی، آزادی بیان و سایر ارزش های انسانی خواهد داشت؟

Cont. 4th expectation: freedom of speech

Mahmud Kavir Iranian author says an interesting memory about his tutor, professor Parviz Natel Khanlari. He wrote "One of those days during Iran's 1979 revolution, Dr. Khanlari was supposed to be head of a jury for evaluating a student's thesis. He asked me to be there too. I left my home to go to the venue. Streets were busy & bloody scenes of revolutionary fight were everywhere. I joined those protesters & I didn't go for that student's thesis meeting. The next week I saw Dr. Khanlari. He was angry with me. He told me: So, why didn't you come where I was waiting you? I get it, I already gussed it, you crazy boys are proceeding with your revolution. Huh? You took guns to change the world, right? Didn't you ever notice to what I taught you in my classes? I expected you to get the right lessons from me. You must know that the world cannot be changed in a good way, by guns. By guns? Yes, you can kill people, and that's all you can do. No other things can be done by guns. Take this pen from me. Writing and literature are the only things you can use, to change the world. Take it"

Mahmud Kavir continues "I still have that pen in my pocket after years and decades"

ادامه ــــ توقع چهار: آزادی بیان و عبور از رنج

خاطره محمود کویر از پرویز ناتل خانلری ارزش خواندن و دانستن دارد. می گوید "در سال 1357 یکی از روزها قرار بود از پایان‌نامه کسی دفاع شود و استاد خانلری پیغام داد به من که در این جلسه شرکت کنم. وارد خیابان که شدم، دیدم شلوغ است و مردم انقلابی در حال تظاهرات و تسخیر پادگانی هستند. من هم به دنبال آنها راه افتادم و در آن جلسه شرکت نکردم. هفته دیگر که به دانشگاه مراجعه کردم، دربان آنجا تا مرا دید گفت: دور و بر اتاق خانلری پیدات نشه، خیلی عصبانیه. در زدم رفتم داخل اتاقشان. دیدم بر روی کاغذ خم شدند و چیزی می‌نویسند. برای چند دقیقه‌ای مقابلشان ایستاده بودم و سرشان را بالا نمی‌آوردند. سرانجام پرسید: کجا بودی که نیومدی؟ رفته بودی انقلاب کنی؟ رفته بودی تفنگ بر داری که جهان رو عوض کنی؟ بعد از اینکه کمی به من نگاه کردند، دستشان را به جیب بغلشان بردند و خودکاری درآوردند. خودکار را روبری من گرفتند و گفتند: جهان را با این عوض می‌کنند. با تفنگ فقط آدم می‌کشند. با تفنگ نمی شود دنیا را تغییر داد. فکر می‌کردم تو دیگر این را می‌دانی" محمود کویر ادامه می دهد "من هنوز آن خودکار را دارم"

Cont. 4th expectation: freedom of speech

In many stories, we read a king made a bad decision. His advisors and courtiers became concerned. As they knew about temper of the king, they were frightened to tell him about tragic consequences of his new decision. After a while, one of courtiers would decide to say to the king “Oh, I dreamed of being defeated from X” Or “I dreamed of a massive hunger cricis over our land” In these cases, the brave courtier could provide some level of freedom of speech for himself/herself because the king could not say “How dare you? Who did allow you to dream in such a way?”

Poetry has the same capacity. Many cases, poets cpould create a space for their freely talking and then claiming “Oh, sorry, it was just a poem in my imagination” In such a way, poets could provide a level of freedom of speech for themselves and for the others. When we analyze a poem, we may think of such an aspect. When we see good creative images made by a poet, and some forbidden taboos can be included in those images in future, we may see the good potential and suggest the poet to add it in future edition for revising, or to add it into future poems.

ادامه ــــــ توقع چهار: آزادی بیان و عبور از رنج

در قصه های زیادی خواندیم که یک پادشاه مثلا تصمیم بدی می گرفت، و مشاوران و درباریان نگران می شدند. به دلیل کم ظرفیت بودن پادشاه جرات نمی کردند مستقیم بگوید تصمیم تو اشتباه است. در نهایت، یکی از درباریان می گفت "خواب دیدم شکست می خوریم" یا "خواب دیدم قحطی می شود" یا "خواب دیدم جمعیت مردم مان نصف می شود" عبارت "خواب دیدم" یک جور آزادی بیان برای گوینده فراهم می کرد، چون پادشاه نمی توانست بگوید "به چه حقی اینطور خوابی دیده ای؟" شعر نیز همینگونه است. شاعران با گفتن این که "شعر می گویم و در تخیلات خودم می چرخم و آنها را به واژه تبدیل می کنم" برای خودشان و برای دیگران، در طول تاریخ، سطحی از آزادی بیان فراهم کرده اند. به این قابلیت شعر احترام بگذاریم و به وجه آزادی بیان در شعری که نقد می شود، نیم نگاهی بیندازیم. اگر شعری یک تصویرسازی هایی انجام داده و به درد بیان سخن های مگویی در جامعه ما می خورد، و به درد تابوشکنی در آینده می خورد، به شاعر توصیه کنیم که در ویرایش بعدی شعر/کتاب خود یا در شعرهای بعدی، مد نظر قرارش دهد.

Cont. 4th expectation: freedom of speech

Edward Hirsch American poet, in an interview with The Library Of Congress says
"For all people with insomnia, I want to build a new kind of machine for flying out of the body at night. In the middle of the middle of the night, ghosltly voices I hear in the dark. Vibrant from echoes, keeping me awake. I hadn't sleep well for a long time. At some point, I realized insomnia is something I like to be in a poem. Romantic poets make a connection between sleep and death. When you write a poem about insomnia, you are the only one awake and everyone is asleep. It creates a feeling of solitude. I like this solitude in a poem"

What will you say to Edward If you are the second awake person in a city? Will you feel good as he did? How does it help you to feel free to speak more about life, politics, economy, poverty, farmland, nature and humanity in your poems? I think his explanation is a great new image, to describe poetry as an art.

ادامه ـــــــ توقع چهار: آزادی بیان و عبور از رنج

شاعر آمریکایی ادوارد هرش در مصاحبه با کتابخانه کنگره آمریکا می گوید "برای کسانی که مشکل بیخوابی دارند، می خواهم یک ماشین جدید اختراع کنم، که با آن از بدن خود خارج شوند و به پرواز درآیند. در میانه نصف شبی، صداهایی شبیه صدای جن و ارواح می شنوم که در فضا می پیچند و مرا بیدار نگه می دارند. مدتهاست که به درستی نخوابیده ام. در یک نقطه ای از زندگی، به این نتیجه رسیدم که بیخوابی من می تواند در شعر من جایی داشته باشد. شاعران رمانتیک در قرنهای گذشته، بین خواب و مرگ ارتباط ایجاد می کردند. وقتی درباره بیخوابی شعر می سرایی، گویی تو تنها فرد بیدار یک شهر هستی و دیگران همه خفته اند. به تو احساس ترس و تنهایی دست می دهد و من این تنهایی در سرودن شعر را می پسندم"

اگر شما دومین فرد بیدار شهر باشید، به ادوارد چه خواهید گفت؟ آیا مثل او حس خوبی خواهید داشت؟ این احساس، چطور به شما کمک خواهد کرد تا آزادانه تر درباره سیاست، اقتصاد، فقر، کشاورزی، و انسانیت شعر بسرایید؟ فکر می کنم توضیح او درباره شعر، یک تصویرسازی خلاقانه و جدید درباره خود شعر باشد.

Cont. 4th expectation: freedom of speech

Not only poetry, but any creative thing develops the space of talking and dialogues among people. Creative things support freedom of speech, at social level and at family level. Carol Ann Duffy in a lecture at Lost Lectures Institite said "Wife of Mr. Charles Darwin great biology scientist could tell her husband: Oh, I went to a zoo today, something about Chimpanzees reminds me of you and your family"

Out of the scope of Darwin's creative science talks & his evolution of life species theories, such a discussion between a husband and a wife, could lead to a big fight lasting for 3 days or even longer.
We heard a lot from poets saying for example "I am an animal, I am a bad person in many ways, I lied to all, I stole it, I cheated on her/him in a bad way, I failed to perform my moral duty, I decided to sell my soul in all ways, I assisted in commiting such a murder crime, the smell of my bad behaviors filled the air of our polluted city, I may prefer to be annoying to my neighbors"
All such sentences expand the freedom of speech for a poet and for people around her/him.

ادامه ــــــ توقع چهار: آزادی بیان و عبور از رنج

نه تنها شعر، بلکه هر چیز خلاقانه ای، فضای گفتگو و آزای بیان را گسترش می دهد. این آزادی بیان ممکن است در سطح جامعه و یا در سطح محیط کار یا در سطح خانواده ها باشد. خانم کارول آن دافی شاعر اسکاتلندی در سخنرانی موسسه لاست لکچر می گوید: احتمالا زن چارلز داروین بعد از بازگشت از باغ وحش، بدون این که نگران عصبانیت شوهرش باشد، به او می گفت "راستی امروز چند تا شامپانزه دیدم و یاد تو و خانواده ات افتادم" خارج از مباحث علمی داروین و خلاقیت های علمی او در مساله فرگشت یا تکامل زیستی، شاید این گفتگو می توانست بهانه یک دعوای سه روزه در یک خانواده باشد.

بسیار دیده ایم که شاعران شعرهایی بگویند و در شعر، خودشان را به صفتی منفی بنامند، مثلا بگویند دروغ گفته ام، دزدیده ام، خیانتی عظیم کرده ام، از انجام وظیفه ام سر باز زده ام، بد شده ام، زین پس نامرد میشوم، روح خود را می فروشم، همدست قاتل ها می شوم، بوی بد رفتارم شهر را آلوده کرد، همسایه ها را شاید آزار دهم خوب است" همه این موارد جنبه و ظرفیت شاعر و اطرافیانش برای گفتگوهای جنجالی را افزایش می دهد.

Cont. 4th expectation: freedom of speech

One of guests in the conference of freedom of speech in arts hosted by poet Carmen Aguirre says cryingly "I was threatened after publishing my poems, let's not forget historical context in which we are operating, I feel we are moving towards more fundamentalism or orthodoxy, this is scary for all of us who work in the arts, artists are supposed to disturb and to take risks and get it failed to get it right, and these risks are taken in public, that is the nature of being an artist"

When we analyze a new poem, we can ask ourselves: is this poet really feeling a social responsibility similar to the above person? Or no. Is this person saying a poem just because she/he heard poetry is something nice, and he/she tries to attach and approach to poetry as a selfish act of expression?

A poem cannot be compared to other things. If I had to, then I compare it to a big cloud in sky, not made of H2O water molecules. Poetry has ambiguity, poetry has effects spreading in many directions, poetry is able to be understood in many ways, and able to escape & hit things & hit persons in many ways, with no method for calculation.

ادامه ـــــ توقع چهار: آزادی بیان و عبور از رنج

یکی از مهمان های کنفرانس آزادی بیان در هنر، به میزبانی شاعر کارمین آگیری با گریه می گوید "پس از انتشار شعرهایم تهدید شدم. بیایید فراموش نکنیم که چه زمینه تاریخی در این زمینه وجود دارد. حس می کنم به سمت تعصب گرایی بیشتر و افراط دینی بیشتر می رویم. این واقعیت تلخ برای همه ما هنرمند ها ترسناک است. ما هنرمندان وظیفه داریم مزاحمت ایجاد کنیم (برای الگوها و وضع فعلی و نا عادلانه بشر). وظیفه داریم ریسک ها را بپذیریم و اشتباه کنیم تا از دل اشتباهات، به نتایج خوب و به بهبود اجتماعی- فرهنگی برسیم. ما این ریسک ها را در فضای عمومی و در مقابل چشم همگان می پذیریم و واکنش ها شدید است. این ماهیت کار هنرمند است" هنگام نقد شعر، بررسی کنیم که آیا شاعر دارد شبیه این فرد و همینگونه با مسئولیت پذیری نسبت به جامعه و نسبت به تاریخ بشر، شعر می سراید و یا صرفا با شنیدن این که شعر چیز خوبی است، دارد خودش را به دنیای شعر می چسباند. شعر قابل تشیه به چیزی نیست، ولی اگر مجبور باشم تشبیهش کنم، به لکه ابری می ماند که از مولکول های آب تشکیل نشده باشد. یعنی ابهام دارد، اثراتش در جهات مختلف قابل گسترش، قابل درک، قابل گریز و قابل اصابت هستند. راه محاسبه هم ندارد.

Cont. 4th expectation: freedom of speech

Another one of guests in the conference of freedom of speech in arts hosted by poet Carmen Aguirre says "Prior to any other thing, we humans deeply need to feel connected to other humans around us. It is the case, even If we know such connection can harm us. When we are somewhere safe but not connected, we do not feel being healed in life. But the status of feeling connected to other humans around us, brings healing for us"

If we agree with this speech, what can connect us humans, more than poetry and other arts? Possibly nothing.

If a poem has the power to connect ten groups of people a society or in a country, and If a poem can spark more discussions among people in a society, we as critics (or as audiences) must respect our moral responsibility and support such poetry. We must let more people to read such poems. We must properly criticize such poems to cause creation of more poems like that, and to give more motivation to the poet.

ادامه ____ توقع چهار: آزادی بیان و عبور از رنج

یکی دیگر از مهمان های کنفرانس آزادی بیان در هنر، به میزبانی شاعر کارمین آگیری می گوید "ما انسانها عمیقا و پیش از هر چیز، نیاز داریم احساس مرتبط بودن با همدیگر کنیم، حتی اگر بدانیم که این مرتبط بودن برایمان نا ایمن است و خطراتی دارد و بلا سرمان می آورد. وقتی در یک جایی باشیم و ایمن باشیم ولی ارتباط چندانی بین ما انسانها برقرار نباشد، آرامش و درمان شدگی روحی یا هیلینگ نخواهیم داشت، ولی احساس مرتبط بودن با همدیگر، آرامش و درمان شدگی روحی یا هیلینگ برای ما به ارمغان می آورد"

اگر با ایشان موافق باشیم، چه چیزی جز شعر و سایر هنرها می تواند ما انسان ها را به همدیگر مرتبط و نزدیک کند؟ احتمالا هیچ. شعری که بتواند ده گروه از انسانهای یک جامعه یا یک کشور را به هم نزدیک کند و باعث بحث بین آنها شود، ارزشمند است و ما به عنوان منتقد یا مخاطب شعر، وظیفه اخلاقی داریم که چنین شعری را از شاعر تحویل بگیریم و نشر دهیم و با نقد منصفانه باعث رشد آن شعر و ترغیب آن شاعر بشویم.

Cont. 4th expectation: freedom of speech

Another one of guests in the conference of freedom of speech in arts hosted by poet Carmen Aguirre says “In 2016 a painter, painted a scene showing a mother above the dead body of her teenager son. The boy was murdered by a number of racist white people. The woman didn’t allow her son to be buried, because she wanted the world to know what harm is imposed to innocent people if racism is not stopped. After creating such a painting, she (painter) received many letters from influencial persons forcing her to totally destroy such a painting, because a painter should not make money by showing suffering of other people. The painter responded by saying: I have no financial advantages; this painting is just for my own house. The opponents did not get convinced; they continued their pressure on the artist by saying many other excuses”

When we see a poet/artist is trying to break some norms and bring more social issues in poetry and art ground, we must support the poet/artist and ask opponents to use art in the opposite way, with different messages if they want, but they should never ask for destroying a poem/painting.

ادامه ـــــ توقع چهار: آزادی بیان و عبور از رنج

یکی دیگر از مهمان های کنفرانس آزادی بیان در هنر، به میزبانی شاعر کارمین آگیری می گوید "در سال 2016 یک نقاش، نقاشی ای از زنی کشید که پسر نوجوان و سیاه پوستش توسط تعدادی نژادپرست سفیدپوست به قتل رسیده بود، آن زن می گفت: می خواهم دنیا ببیند که نفرت و نژادپرستی چه بر سر انسان های بیگناه می آورد. بسیاری از آدمهای با نفوذ به آن نقاش نامه نوشتند که این نقاشی را نابود کند چون نقاش حق ندارد از رنج کشیدن انسانها پول دربیاورد. وقتی نقاش پاسخ داد که هدف مالی ندارد و آن نقاشی برای خانه خودش است و قصد فروش آن را ندارد، مخالفت ها و فشارها به طرق دیگر و به بهانه های دیگر ادامه یافت" مشابه این مشکل در شعر نیز رخ می دهد. وقتی به عنوان منتقد یا مخاطب مشاهده کنیم که شاعر سعی می کند یک سری چارچوب ها را بشکند و موضوعات جدید اجتماعی را به سرزمین شعرش بیاورد، از او حمایت کنیم و در مقابل کسانی که می گویند: شاعر حق ندارد فلان موضوع را سوژه شعر کند، بگوییم: شاعر حق دارد، و شما هم می توانی شاعر (یا هنرمند دیگر) بشوی و در مخالفت با سوژه قبلی، اثر هنری با پیغام متضاد تولید کنی، ولی حق نداری به بهانه حساس بودن موضوعات، آزادی بیان را محدود کنی.

Cont. 4th expectation: freedom of speech

Another one of guests in the conference of freedom of speech in arts hosted by poet Carmen Aguirre says “feedom o speech doesn’t mean I am free to say whatever I want to say, it also means I am free to hear what I wantever to hear. When we defend freedom of speech of an artist, we are not helping that artist only, we are helping ourselves as audiences too. These two are very important and are parts of very funumental human rights”

When we defend freedom of speech of a poet during a poetry analysis meeting, the poet may come forward and say “Take it easy. It’s fine, I can remove this line or this poem from my book or from my weblog. Do not put yourself in trouble for deending my poem”

In such a situation, we may say, for example “dear poet, I am not defending you and your right, I am defending myself and my very human rights. The same way as you have freedom to say poems, I too have freedom to hear and read your poems as my favorite art”

ادامه ــــ توقع چهار: آزادی بیان و عبور از رنج

یکی دیگر از مهمان های کنفرانس آزادی بیان در هنر، به میزبانی شاعر کارمین آگیری می گوید "آزادی بیان فقط به این معنا نیست که من آزاد باشم چیزهای مد نظر خودم را بگویم. بلکه به این معناست که من همچنین آزاد باشم چیزهای مد نظر خودم را بشنوم. حق شنیدن داشته باشم. هر گاه که ما از آزادی بیان یک هنرمند حمایت می کنیم، در واقع فقط به او کمک نمی کنیم، بلکه همزمان داریم به خودمان نیز کمک می کنیم. این دو مساله بسیار مهم اند و بخش هایی از حقوق اساسی ما انسان ها هستند" آن هنگام که در یک نشست نقد ادبی، از آزادی بیان یک شاعر دفاع می کنیم، ممکن است با این صحنه مواجه گردیم که شاعر به ما رو کند و بگوید "سخت نگیر. آنقدرها هم مهم نیست، من می توانم این سطر یا این شعر را از کتابم حذف کنم یا از روی وبلاگم کلا برش دارم، خودت را به دردسر نینداز به خاطر شعر من" در چنین موقعیتی، ما می توانیم برای نمونه بگوییم "شاعر عزیز، من فقط از تو و از شعر تو دفاع نمی کنم. من دارم برای خودم و برای حقوق مهم انسانی خودم تلاش می کنم. همانقدر که تو آزادی داری تا شعرت را بگویی، من نیز آزادی دارم که شعر تو را بشنوم و از هنر مورد علاقه ام بهره مند شوم"

Cont. 4th expectation: freedom of speech

Another one of guests in the conference of freedom of speech in arts hosted by poet Carmen Aguirre says "Its humiliating but let's admit it. After regulating freedom of speech in a country's law, still a bigger way is ahead because freedom of speech at cultural scale is much a bigger cricis than political scale"

In human history, it occurred many times where a poet or an artist created some sort of art and got banished not by government, but banished and put under pressure by his/her own relatives and by neighbors.

When we attend a poetry analysis meeting and we see a poet is struggling to overcome such a cultural problem, we must support her/him. And also, sometimes we might see poets who are in favor of suppressing freedom of speech. In such cases, we must confront such a poet and explain why and how he/she is against the true mission of poetry as a human-serving art.

ادامه ـــــ توقع چهار: آزادی بیان و عبور از رنج

یکی دیگر از مهمان های کنفرانس آزادی بیان در هنر، به میزبانی شاعر کارمین آگیری می گوید "شرم آور است ولی باید اعتراف کنیم که بعد از تدوین قوانین مربوط به آزادی بیان، همچنان راه درازی در پیش است. زیرا معضل آزادی بیان در فرهنگ جامعه بزرگتر از معضل آزادی بیان در سیاست و قانون است" در کتب تاریخ بشر، بسیار خوانده ایم که یک شاعر یا یک هنرمند اثری خلق کرد و سپس، نه توسط دولت، بلکه توسط بستگان و همسایگان خودش طرد شد و تحت فشار قرار گرفت. در نشست های نقد شعر، وقتی متوجه شویم که یک شاعر تقلا می کند که بر چنین فشارهایی غلبه کند، و بر بخشی از معضل بی فرهنگی پیروز شود، باید از او حمایت کنیم.

از سوی دیگر ممکن است ببینیم که یک شاعر در حال طرفداری از سرکوب آزادی بیان است. در این گونه شرایط بایستی در مقابل این شاعر بایستیم و تشریح کنیم که چرا و چطور، او دارد بر علیه رسالت حقیقی شعر، به عنوان یک هنر در خدمت انسان، گام بر می دارد.

Cont. 4th expectation: freedom of speech

Another one of guests in the conference of freedom of speech in arts hosted by poet Carmen Aguirre says "Propaganda against art is very serious. Unfortunately, poets and artists fall in traps and maximize it. If a Canadian poet says something general about political ambitions for suppressing freedom of speech in courts, it's fine. But if the poet or a painter go specific and announce statistics and numbers (for example by showing 4 charged citizens in a court room and then indicating only 1 of them achieved her/his rights) then the poet/painter stepped out of the scope of art. Getting statistics and counting figures is in the scope of sociological scientific research and there are educated specialists for such a duty. The job of artist/poet is just encouraging people to think about such a weak point in courts, without stepping out of art ground and without eliminating ambiguity"

Possibly we can agree with this point. During poetry criticism sessions, we can ask poets to take care of such traps and avoid assisting anti-art organizations.

ادامه ـــــ توقع چهار: آزادی بیان و عبور از رنج

یکی دیگر از مهمان های کنفرانس آزادی بیان در هنر، به میزبانی شاعر کارمین آگیری می گوید "پروپاگاندا و تبلیغ علیه هنر بسیار شدید است و متاسفانه در اثر اشتباه خود شاعران و هنرمندان به اوج می رسد. این که یک شاعر کانادایی در اثرش یک مضمون کلی را بگوید که مثلا در دادگاه های کانادا آزادی بیان توسط سیاستمداران محدود می شود، مطلوب است ولی اگر شاعر یا نقاش، درصد ها و عدد هایی اعلام کند و آمار بدهد و مثلا چهار متهم را نشان دهد و سپس نشان دهد که فقط یک متهم به حق خودش در دادگاه رسیده، این دیگر خروج از مقوله هنر است. آمار گرفتن و درصد تعیین کردن، یک کار علمی و جامعه شناختی و پژوهشی است و متخصص خودش را دارد. وظیفه هنرمند فقط دعوت به اندیشیدن درباره این ضعف دادگاهها است، ولی بدون خروج از ماهیت هنری خود و بدون حذف ابهام"

احتمالا می توانیم با این سخن مهم موافق باشیم و در جلسات نقد شعر از شاعران بخواهیم بهانه تخریب به دست هنرستیزان و شعر ستیزان ندهند.

Cont. 4th expectation: freedom of speech

Another one of guests in the conference of freedom of speech in arts hosted by poet Carmen Aguirre says "I am a trans. Somewhere between a man and a woman. I have been humiliated in many occasions in streets and in friendly gatherings. No attack was greater than the day where I entered a university and I saw a painting of my face on an animal body with a text saying: kill the dragon, and I was their dragon. It was a heavy attack on me because they used art to humiliate me. Art is a powerul thing"

This point increases our responsibility as poets, as artists, and as critics. When we write or analyze, we must ensure no humiliation to other humans occurs due to their bodies, their identities, their ethnical roots, their skin colors, their body amputations, their disabilities and so on.

ادامه ـــــ توقع چهار: آزادی بیان و عبور از رنج

یکی دیگر از مهمان های کنفرانس آزادی بیان در هنر، به میزبانی شاعر کارمین آگیری می گوید "به دلیل ترنس بودن و جنس سوم یا حد وسط مرد-زن بودن، بارها در خیابان و در محافل دوستانه، مورد تمسخر و تحقیر واقع شدم، ولی هیچ ضربه ای و هیچ فشاری به اندازه آن دفعه که وارد محیط یک دانشگاه شدم و روی یک تابلو نقاشی مرا شبیه حیوانی کشیده بودند و زیرش نوشته بودند: اژدها را به قتل برسانید، و منظور از اژدها من بودم، برایم سنگین نبود. علتش این است که از هنر برای تحقیر من استفاده شده بود و قدرت هنر بسیار عظیم است"

این نکته مسئولیت هنرمند و شاعر و منتقد را بیشتر می کند و باید در نقد شعر حواس مان باشد. هم در خود شعر و هم در هنگام نقد شعر، انسان ها به دلیل بدن یا هویت یا قومیت یا رنگ پوست یا معلولیت جسمی شان مورد تحقیر واقع نشوند.

Cont. 4th expectation: freedom of speech

Another one of guests in the conference of freedom of speech in arts hosted by poet Carmen Aguirre says "After renessaunce in Europe, many movements tried to push art out of its artistic being and to merge it with scientific approach. A good teacher those days was (unfortunately) defined as a biology teacher who teaches about a flower organ and leaf structure and then asks students to say poems about the flower in class. Many activists resisted and kept arts alive for our generation. We must be thankful and do the same for future"

His concern is so true and still exists. People who do not accept the difference between artistic view and scientific view, suppress freedom of art even if they do not intend to do so.

Positivist circles were among those who tried to deny anything without obvious evidence and without scientific justification. Positivists and other extremist movements were against art. We need to be aware o such risks and traps during our criticism.

ادامه ـــــ توقع چهار: آزادی بیان و عبور از رنج

یکی دیگر از مهمان های کنفرانس آزادی بیان در هنر، به میزبانی شاعر کارمین آگیری می گوید "بعد از رنسانس در اروپا، جنبش های اجتماعی سیاسی زیادی تلاش کردند هنرها را از ماهیت هنری خود دور کنند و هنر را با نگرش علمی تلفیق کنند. از نظر آنها (متاسفانه) یک معلم خوب کسی می بود که به عنوان معلم زیست شناسی، ساختار گل و اندام گل و برگ گل را تشریح می کرد و سپس از دانش آموزان می خواست که شعرهایی درباره گل بسرایند. بسیاری فعالان اجتماعی در برابر این رویه مقاومت کردند و هنرها را برای ما زنده نگه داشتند. ما نیز باید برای نسل های آینده همین کار را انجام دهیم" نگرانی او به جاست و این تهدید بر علیه هنر همچنان وجود دارد. افرادی که همچنان مقاومت می کنند و نمی خواهند تفاوت بین نگاه هنری و نگرش علمی را بپذیرند، آزادی بیان در هنرها را به طریقی سرکوب می کنند، حتی اگر قصد این کار را نداشته باشند. حلقه های فکری پوزیتیویستی اروپا از جمله طیف هایی بودند که با هنرها ستیز داشتند و سعی می کردند هر چیزی که شواهد آشکار فیزیکی و توجیه علمی نداشته باشد را رد کنند. چنان نگرش غلطی و چنان دام هایی همچنان در کمین هنر است تا آسیب بزنند.

Cont. 4th expectation: freedom of speech

Another one of guests in the conference of freedom of speech in arts hosted by poet Carmen Aguirre says “In countries where more freedom of speech for poets is provided, less violence is observed on social conflicts. When political issues and historical tensions cannot be expressed via poetry and other arts, those tensions hide in layers of society and will emerge as violent confrontations among different sectors of a society. I can name countries where each political party has its favorite singers, poets, rap poets, prose authors, actors, & film directors, who attend in their political gatherings. Those countries have more stable political systems and better elections”

Expressing conflicts and ideas and tensions through arts, make it possible for peaceful dialogues among sectors of societies. The more peaceful diologues are provided, the less chance for violence will remain for people & protesters & minorities.

ادامه ــــ توقع چهار: آزادی بیان و عبور از رنج

یکی دیگر از مهمان های کنفرانس آزادی بیان در هنر، به میزبانی شاعر کارمین آگیری می گوید "در کشورهایی که آزادی بیان بیشتری برای شاعرها فراهم گشته است، تنش های اجتماعی کمتر به خشونت منجر می شوند. هر گاه تنش های سیاسی و تاریخی نتوانند از طریق شعر و سایر هنرها بیان و مطرح شوند، آن تنش ها و اختلاف ها در لایه های مختلف جامعه پنهان می مانند و در آینده نزدیک به شکل تقابل خشونت آمیز بین قشر های مختلف جامعه، بروز خواهند داد. می توانم کشورهایی نام ببرم که هر حزب سیاسی خواننده های محبوب خودش، شاعرهای محبوب خودش، رپ سرا های محبوب خودش، نثر نویس های طرفدار خودش، بازیگران خودش، کارگردان های خودش و سایر هنرمندان را دارد و در اجتماعات سیاسی به آنها تریبون می دهد. اینگونه کشورها رژیم سیاسی پایدارتری دارند و انتخابات سیاسی دموکراتیک تر برگزار می کنند. بیان تضاد ها و اختلاف ها و ایده های مردم جامعه از طریق هنر این امکان را فراهم می کند که گفتگوی صلح آمیز بین قشرهای مختلف جامعه و بین جوامع برقرار شود. هر چه گفتگوهای صلح آمیز بیشتری بین اقشار جامعه برقرار باشد، بهانه کمتری برای رفتن به سمت خشونت در جامعه باقی می ماند.

Cont. 4th expectation: freedom of speech

Another one of guests in the conference of freedom of speech in arts hosted by poet Carmen Aguirre says “In a tweet, I wrote: Christianity is a killer and suppressive religious group. I wrote reasons for such a claim. Almost nobody responded to my reasons and my argument. My followers got divided into two. The first part admired my tweet and call me a thinker greater than Nietsche. The second part insulted me and requested my account to be banned. They requested for suppressing my voice, to prove their religion is not a suppressive one. Isn’t it a good candidate for a dark comedy award?”

Such impatient and immature reactions can be seen from almost all religious populations in the world, and it’s a big barrier for freedom o speech.

ادامه ـــــ توقع چهار: آزادی بیان و عبور از رنج

یکی دیگر از مهمان های کنفرانس آزادی بیان در هنر، به میزبانی شاعر کارمین آگیری می گوید "در یک توییت نوشتم مسیحیت یک فرقه جنایتکار و قاتل و سرکوبگر است و در طول تاریخ همین بوده و دلایلی ذکر کردم. تقریبا هیچکس به دلایلی که نوشتم فکر نکرد و پاسخی نداد. مخاطبان من به دو دسته تقسیم شدند، دسته اول که تایید می کردند و حرف مرا بهترین توصیف و حتی بهتر از سخنان نیچه بر می شمردند. دسته دوم خواهان بسته شدن اکانت من می شدند و فحاشی می کردند. خواهان سرکوب صدای من می شدند تا به این طریق اعلام کنند که دین شان سرکوبگر نیست. آیا این ادعا نباید برنده جایزه طنز دارک در جهان بشود؟"

چنین کم طرفیتی هایی تقریبا در همه ایدئولوژی ها و مکتب های سیاسی دیده می شود و یک معضل برای گسترش آزادی بیان می باشد.

Cont. 4th expectation: freedom of speech

If a poet sets a scene (in a new poem) to support freedom of speech of a character, we (critics) must praise and appreciate the poet. We should also look at other critics who try to blame a poet or limit a poet's freedom of speech and confront those bad critics/reviewers/ analyzers. Presenting ways of ending a life misery or a pain, is another strength of a new poem. For example, a poet might take hands of a subject (a fictious character) and help the subject to overcome a cancer illness, or to overcome a barrier for higher education. Audiences feel good when they see in a poem, 2-3 ways are shown to defeat a tragic problem in life. Difficulties can be family related, can be social, political, medical, flooding and natural disasters, economical issues and so on. Audiences feel positive if they hear a poetic subject (a person) is not giving up, is well motivated and strong and has goals in life. If a poem is being analyzed and you see a subject is full of sadness and failures, and there is no crossroads and no options for ending a trouble, you may call these as weak points of that poem, and suggest the poet to re-consider in future works.

ادامه ـــــ توقع چهار: آزادی بیان و عبور از رنج

پرداختن شعر به مقوله آزادی بیان می تواند به عنوان نقطه قوت شعر در جلسات نقد شعر، تحسین شود. همچنین در هنگام شنیدن نقد دیگران می توانیم شاهد این باشیم که منتقدها خواهان آزادی بیان بیشتر برای شاعرها هستند و یا دنبال بهانه برای سرکوب آزادی بیان شاعرها هستند. بیان عبور از رنج نیز می تواند نقطه قوت دیگری برای شعر باشد. به این صورت که شاعر سوژه شعرش را مصرع به مصرع همراهی کند و او را از یک رنج مثلا سرطان عبور دهد، یا او را از یک مانع در تحصیل علم رد کند. حس خوبی به مخاطب می دهد وقتی که در تصویرسازی شاعرانه ببیند دو سه راه برای عبور از فلان رنج خانوادگی، اجتماعی، سیاسی، درمانی، بلایای طبیعی، اقتصادی و غیره وجود دارد. همچنین حس خوبی به مخاطب می دهد، هر گاه ببیند سوژه شعر تسلیم نمی شود، بلکه از مقصدی و مقصودی بهره مند است و انگیزه قوی دارد.

اگر فقط تلخی و تسلیم را سروده باشد، و ویژگی های فوق در شعر مورد نقد دیده نشود و یا هیچ اشاره ای به آزادی بیان و امید نکرده اشد، و هیچ دو راهی برای عبور از رنج پیش پای مخاطب و سوژه شعر ننهاده باشد، می تواند نقطه ضعف شعر باشد و از شاعر بخواهیم در اثرهای بعدی نیم نگاهی به این جور مقوله ها بیندازد.

Cont. 4th expectation: freedom of speech

In the book Rightful Poem, Unmasked Poem by A. H. Zarinkoub, page 142 we read "Suppression and opposing with Forough Farokhzad's poetry were tough and serious. They tried to humiliate her and call her books as (bedroom sexy poetry) and it was not fair. Her poems are deep, poetic, fearless, and with new literary vision, especially her book (A new birth)"

In the book Rightful Poem, Unmasked Poem by A. H. Zarinkoub, page 142 we read "Wine-driven poetry or Khamriat were an act of social liberation by poets because they used to say those poems against the rules of Islam and against the rules of Quran. Some roots and backgrounds can be found in pre-Islamic era in Iran and they called it wine for Khosrow royal meetings or Khosravaniat"

Poets got advantages from very tiny openings to re-open big doors for freedom of humanity. Well Done.

ادامه ــــــ توقع چهار: آزادی بیان و عبور از رنج

در کتاب شعر بی دروغ شعر بی نقاب اثر غلامحسین زرین کوب ص 142 می خوانیم "مخالفت ها و ضدیت با شعر فروغ فرخزاد به شدت زیاد بود، عنوان (شعر رختخوابی) که نقادان مطبوعات به شعر فروغ داده بودند، تصویر درستی نیست، زیرا درک شاعرانه ای که در شعر فروغ هست، عمیق و بی شائبه است و حاکی از یک دید تازه. به علاوه، تولدی دیگرش منشا تولدی تازه است برای شعر امروز"

در کتاب شعر بی دروغ شعر بی نقاب اثر غلامحسین زرین کوب ص 142 می خوانیم "خمریات یا اشعاری در وصف شراب، که در نزد مسلمین مانده است، در واقع نوعی عصیان است بر ضد شریعت و بر ضد قرآن. در خمریات اسلامی شاید مایه هایی از سرودهای بزمی قدیم ایران یا خسروانیات، منعکس شده باشد"

شاعران در واقع از کوچکترین دریچه ها برای گشودن بزرگترین پنجره ها به سوی آزادی بهره برده اند. آفرین باد.

Cont. 4th expectation: freedom of speech

In the book Rightful Poem, Unmasked Poem by A. H. Zarinkoub, page 195 we read "Connection and correlation between literature criticism and philosophy is a proven trend in human history. It happened many times in Greek history, it occurred frequently in other parts of Europe, and this connection is so strong, that beside each philosophical movement, we can see one literature criticism movement with similar fundumental eatures". For example, existential criticism, positivistic criticism, & romantic criticism.

In the book Rightful Poem, Unmasked Poem by A. H. Zarinkoub, page 196 we read "In Europe at Mediveal era Churches did not like poetry and they even called poetry as the food of the Devil. They considered poetry as a reason for wrong thoughts everywhere"

You see, poetry survived massive attacks all over human history, prior to our era. We should do support poetry by proper criticism. We must do all we can do, to decreditize Church-like attacks on poetry.

ادامه ـــــ توقع چهار: آزادی بیان و عبور از رنج

در کتاب شعر بی دروغ شعر بی نقاب اثر غلامحسین زرین کوب ص 195 می خوانیم "همسازی و هماهنگی بین نقد ادبی و فلسفه، امری است قطعی و علاوه بر ادبیات یونان، ادب (سایر مناطق) اروپا هم برای اثبات آن، شواهدی عرضه می کند و امثال متعدد دارد. در ادب اروپا این هماهنگی چنان است که در مقابل هر یک از ادوار و مکتب های فلسفی، یک مکتب نقد ادبی را می توان نشان داد، با اوصاف و مختصات مناسب و هماهنگ با آن مکتب فلسفی". برای نمونه، نقد اگزیستانسیالیستی، نقد پوزیتیویستی یا اثبات گرایانه، و نقد رومانتیک.

در کتاب شعر بی دروغ شعر بی نقاب اثر غلامحسین زرین کوب ص 196 می خوانیم "در اروپای قرون وسطی، کلیساها میانه خوبی با شعر و ادب نداشتند و شعر را غذای شیطان می خواندند و مایه گمراهی و تباهی"

شعر و شاعری تمام این مصیبت ها را پشت سر گذاشتند و برای میراث بشر، باقی ماندند و ما نیز باید با نقد صحیح، بازار ضربات کلیساگونه بر پیکر شعر را از رونق بیندازیم.

Cont. 4th expectation: freedom of speech

Survivors and family members of Bahram-e Goor Iranian Sassanid king especially his older son Yazdegerd the 2nd hated the fact that Bahram was a poet and he used to say some poems in his royal meetings. After Bahram's death, they punished any person who talked about poetry skills of Bahram.

In the book Rightful Poem, Unmasked Poem by A. H. Zarinkoub, page 84 we read "Some historical evidences shows that Bahram-e Goor was a poet. Unfortunately, this issue is not written in official history books of his era. It seems that those reports were purposely eliminated from history books, to remove the shameful record of poetic skills from the big name of that king. Subsequent kings considered poetry as an evil act and very low grade and a humiliating behavior"

As you see, even a King was mistreated for the crime of being a poet, in some historical eras. Imagine what worse could be done against ordinary people and farmers who were interested in poetry.

ادامه ____ توقع چهار: آزادی بیان و عبور از رنج

بستگان و بازماندگان بهرام گور پادشاه ایران ساسانی به ویژه پسر ارشد او یزدگرد دوم، با این نکته که بهرام گور شعر می سروده، مخالف بودند و بدشان می آمد و با هر کس که شعرهای او را بازگو می کرد، برخورد می کردند.

در کتاب شعر بی دروغ شعر بی نقاب اثر غلامحسین زرین کوب ص 84 می خوانیم "بعضی سنت های ادبی هست حاکی از آن که بهرام گور پادشاه ساسانی شعر می گفته است. این روایت در تواریخ رسمی نیامده است و به نظر می آید که آن را عمدا از تواریخ رسمی حذف کرده باشند، برای تنزیه مقام پادشاه، تنزیه از ننگ فن شاعری، چرا که پرداختن به شاعری را کاری اهریمنی و فرودست می دانسته اند.

وقتی که در برهه هایی از تاریخ، با یک پادشاه چنین رفتاری به دلیل سرودن شعر میشد، تصور کنید نسبت به کشاورزان و مردم عادی که علاقمند به شاعری میشدند، چه سرکوب و تنبیه شدیدی اعمال می شد.

Cont. 4th expectation: freedom of speech

In the book Rightful Poem, Unmasked Poem by A. H. Zarinkoub, page 110 we read "within the elite of muslims long time ago, extremist religious persons called poetry (both saying it and hearing it) as an unlawful and harmful act. They used such mentality to punish and to suppress many poets and thinkers including Abdul Ghaher and Hamri"

Many poets mentioned lack of freedom of speech, in their poems. Rudaki Samarghandi says "Those who don't understand the value of knowing and feeling, get angry by our poems and act against us"

Onsori, Iranian ancient poet explains about forcing poets to have similar ideas, and to be without arguments and to be without different concepts. He says "If a king summons all poets in one place/ all differences must disappear and poets must speak in the same way/ to some poets I know kings already gave many gold coins / how can they be free in their thinking and in their poems?"

ادامه ــــــــ توقع چهار: آزادی بیان و عبور از رنج

در کتاب شعر بی دروغ شعر بی نقاب اثر غلامحسین زرین کوب ص 110 می خوانیم "در بین قدماء مسلمین، خشکه مقدس هایی بودند که گفتن و شنیدن شعر را بدعت و غیرمجاز می شمرده اند، و امثال عبدالقاهر و حمری و ابن عبد ربه و راغب را از ادامه سرودن شعر منع می کردند"

شاعران زیادی به سرکوب و نبودن فضای آزاد برای بیان شاعران اشاره کرده اند. رودکی سمرقندی می گوید "کسان که تلخی زهر طلب نمی دانند / ترش شوند و بتابند رو ز اهل سوال"

عنصری شاعر قرن چهارم هجری در خصوص اجبار شاعران به هم نظر شدن و نیز در خصوص تطمیع برخی شاعران برای تقابل با شاعران دیگر می گوید "اگر به دعوی او شاعران مقر آیند / درست گشت و نماند اندر این حدیث جدال / از او رسید به تو نقد سه هزار درم / ز بنده بودن او چون کشید باید یال؟"

Cont. 4th expectation: freedom of speech

Hafez Shirazi says "Our city used to be a friendly place, I used to see people's kind behaviours/ why isn't there any kindness around me anymore? / A new spring season arrived, nature is blooming/ flowers are opening their leaflets and heads, but nobody is ready to say a poem about the new season, where are those birds?"

Ferdowsi Tousi says "Well educated and virtuous persons are forced to take a low profile in society / Crazy persons are speaking loud everywhere and enjoying exclusive freedom of speech / Arts and literature are humiliated widely, witchcraft and deceitul magic works are supported everywhere / honesty and true help can be performed only in secret, hurting and wrong deed are done openly and in public"
Asir Shahrestani Iranian ancient poet says "How can I resist so much attacks on me? Even a mountain may collapse if attacked same as me / if I wanted to go out of real poetry (freedom desiring poetry) and if I say poems like those speech-traders, then I would become a rich man"

ادامه ــــــ توقع چهار: آزادی بیان و عبور از رنج

حافظ می گوید "شهر یاران بود و خاک مهربانان این دیار / مهربانی کی سر آمد، شهریاران را چه شد؟ / صد هزاران گل شکفت و بانگ مرغی بر نخاست / عندلیبان را چه پیش آمد هزاران را چه شد؟"

فردوسی توسی می گوید "نهان گشت کردار فرزانگان / پراگنده شد کام دیوانگان / هنر خوار شد جادویی ارجمند / نهان راستی آشکارا گزند"

اسیر شهرستانی درباره محدود سازی شاعران واقعی و سپس سپردن بساط شاعری به غیر شاعران بازاری مسلک می گوید "چون کنم با طعنه دشمن که کوه سخت جان / صد جراحت بر دل از تیغ زبان تیشه داشت / بهره ور می شد ز گوهر های نظم خود اسیر / گر طریق این سخنورزان شاعر پیشه داشت"

5th expectation: linking to other arts

As poems are told for the whole society, and poetry is expected to affect all human societies (not only a small group of people), it is crucial for poets and critics to learn some knowledge on other fields related to humanology, including psychology, law, sociology, philosophy, brain function and memory biology, painting, politics, history and so on.

In the book Rightful Poem Unmasked Poem by A. H. Zarinkoub page 19 we read "Poetry reviewers and critics cannot limit their knowledge to poetry styles and poetry figures and terminology. Poetry reviewers and critics need to learn other areas of knowledge & human-related sciences. T.S. Eliot says: Many people in human society alreay have the public knowledge and some thoughts and it is not enough for becoming poets or critics. Poets and critics must go beyond it"

توقع پنج: پیوند سایر علوم و هنرها

با توجه به این که شعر برای عموم جامعه سروده می شود و قرار است بر عموم جامعه اثر بگذرد، لازم است هم شاعر و هم منتقد با علوم مرتبط با انسان شناسی از جمله روان شناسی، حقوق، جامعه شناسی، فلسفه، ساختار مغز و حافظه انسان، و نیز با نقاشی و سیاست و تاریخ و غیره آشنایی یابند.

در کتاب شعر بی دروغ شعر بی نقاب اثر عبدالحسین زرین کوب صفحه 19 می خوانیم "منتقد امروز نمی تواند تجهیزات خود را به سبک شناسی و فنون ادب و لغت محدود کند. برای ارزیابی درست آثار شعرا، باید از هر گونه معلومات از هر گونه تئوری ها که در شناخت انسان و دنیای او سودمند است، بهره جوید و چنانچه تی_اس_الیوت شاعر و نقاد انگلیسی می گوید، گذشته از افکار و اندیشه های رایج که سایر مردم نیز با او در آن انبازند، به علوم گونه گون هم آشنایی پیدا کند"

Cont. 5th expectation: linking to other arts

It is reasonable to say poetry and other arts must keep their reputation & their identity and do not let other areas of human activism to be superior to arts. It is good to say other activism areas should not downgrade arts and force arts to become subsidiaries of politics for example. But sometimes this concept becomes extremist and people say "art for art only" as an excuse, then they try to disconnect art from politics, they try to disconnect art from environmental issues, they try to disconnect art from economy. They even try to disconnect art from teachers protesting and gathering in front of a governmental building. Such efforts are wrong, I think, and non-practicable, because human society is an interconnected phenomenon. University majors of science and art are developed but they are internally related, political-social activities have different titles but attached to one another in many ways. Art cannot be for art only, I think.

Mohamadreza Shajarian great Iranian singer in an interview with BBC said "Some political leaders did not get friendly aquainted with music & arts for 1400 years in Iran" This statement has artistic influence & political influence at the same time. None of these two inlfuences is a minor influemce. Is it possible to say art for art only?

ادامه ــــ توقع پنج: پیوند سایر علوم و هنرها

این که هنر باید هویت خودش را حفظ کند و زیرمجموعه چیزهای دیگر نشود، حرف خوبی است ولی گاها مشاهده می شود که به بهانه "هنر برای هنر" تلاش می کنند ارتباط هنر و سیاست را قطع کنند، ارتباط هنر و محیط زیست را قطع کنند، ارتباط هنر و اقتصاد را قطع کنند، ارتباط هنر و تجمع معلمان را قطع کنند. با توجه به در هم تنیدگی جامعه انسانی و ایجاد رشته های مجزا و مختلف از دانش ها (مجزا ولی عمیقا مرتبط و متصل) و با توجه به تنوع در کنشگری های اجتماعی، به نظرم توقع قطع ارتباط هنر و شعر از سایر رشته ها، نا معقول و نا شدنی است. معقول تر است که ارتباط شعر با سایر کنش های بشر را تقویت کنیم و در زمینه اقتصاد نیز، برای نمونه، اگر شعرها باعث بشوند کارآفرینی در یک شهرستان رخ دهد و شرکت ها و موسساتی در زمینه خطاطی یا تئاتر یا نقالی یا سینما رونق بگیرند، هیچ ایرادی ندارد و مفید نیز هست.
استاد محمدرضا شجریان در مصاحبه با بی.بی.سی گفت "اینها (برخی رهبران ایران) هرگز با هنر کنار نمی آیند، همچنان که در طول هزار و چهارصد سال با هنر کنار نیامده اند" این سخن در هنر اهمیت دارد، و در زمینه سیاست نیز اهمیت دارد، و هر دو تاثیر به یک اندازه تعیین کننده هستند. هنر برای هنر فقط؟

Cont. 5th expectation: linking to other arts

In the book Aesthetics in Arts & Nature by Alinaghi Vaziri page 123 we read “For many people, art is a job, and it’s fine. They make a living for themselves and for their families. Musicians, poets, decorative designers, actors, and other artists are workers and they must be connected with economy and well respected” I think, nobody should keep them apart by saying art-for-art.

Do you want to imagine a world without Yanni concerts? I do not think so. If no, then please keep in mind that each concert needs lots of financial and economical grounds. We in Iran do not enjoy a Yanni concert because anti-music politicians are still in power. Politics, economy, environmental protection, courts, arts and other human-affecting areas are deeply interconnected.

ادامه ــــ توقع پنج: پیوند سایر علوم و هنرها

در کتاب زیباشناسی در هنر و طبیعت اثر کلنل علی نقی وزیری ص 123 می خوانیم "هنر برای بسیاری صورت کار و شغل را دارد که خود و خانواده آنان از این راه زندگی می کنند. این هم از حوائج زندگی است. یقینا مردان و زنانی که شاغل هنرهای صناعتی هستند، و به ساختن اشیاء مفید و زیبا می پردازند، همینطور رامشگران و سرایندگان و بازیگران که برای انتقال هیجان و شور به دیگران یا تفنن آنها کار می کنند، همه کارگرند و سزاوار اجر و مزد و احترام". به نظرم کسی نباید به کارگران عرصه هنر بگوید هنر برای هنر فقط و آنها را از اقتصاد جدا بداند. آیا می خواهید جهان را بدون کنسرت های یانی تصور کنید؟ امیدوارم نخواهید. اگر نه، پس لطفا به خاطر داشته باشید که هر یک از این کنسرت ها انبوهی مسائل مالی و زمینه سازی سیاسی نیاز دارد. ما در ایران از کنسرت یانی بی بهره ایم، چون سیاستمداران ضد موزیک همچنان در قدرت اند. سیاست، اقتصاد، حفظ محیط زیست، دادگاهها، هنرها و سایر حوزه های موثر بر انسانها، به طور عمیق و گسترده در هم تنیده و متصل و مرتبط اند.

Cont. 5th expectation: linking to other arts

In the year 1935 Jakobson Russian Linguist held a lecture in Masary Brno university. His ideas in that speech sparked lots of discussions in linguisitics & the science of history writing. Is it possible for supporters of the idea of art-for-art, to deny influence of poetry on scientific history studies & also influence of scientific history studies on poetry?

In the book The Text-structure and Textural Interpretation Vol. 1 by Babak Ahmadi page 78 we read "Jakobson introduced the concept of prominent art in each era. It means an art field which is more supported, more argued, more welcomed by people in each period of time over history. Prominent art imposes lots of effects and directions to other arts. Painting was the prominent art in Renaissance era. Other arts were attracted to painting & painting styles & painting discussions. In the second half of 18th century, music was the prominent art. Poetry is interconnected with philosophy and social dialectic. Russian formalists evaluated the theory of prominent art as a very important theory, and then they re-wrote all history of literature of Russia"

ادامه ـــــ توقع پنج: پیوند سایر علوم و هنرها

در سال 1935 رومن یاکوبسن (زبان شناس و شاعر روس) سخنرانی ای در دانشگاه مازاریک برنو چکسلواکی ایراد کرد که منشا مباحث زیادی در فلسفه زبان و تحلیل کلام شد. آیا طرفداران هنر برای هنر، می توانند تاثیر شعر بر مطالعات علمی رشته تاریخ و برعکس تاثیر مطالعات علمی رشته تاریخ بر شعر را انکار کنند؟ در کتاب ساختار و تاویل متن جلد یکم اثر بابک احمدی ص 78 می خوانیم "یاکوبسن محتوای متمرکز اثر هنری که حاکم، مسلط و دگرگون کننده سایر عناصر است را عامل مسلط در نظر می گیرد. سلطه آن در حکم تضمین یک دستی ساختار اثر است. می توانیم عامل مسلط را نه تنها در آثار ادبی یک هنرمند، یا در قانون شعری، یا در مجموعه ضوابط شعری، بلکه در هنر دورانی خاص، که به مثابه یک کل مطرح می شود نیز باز یابیم. هنر نقاشی بر اروپای رنسانس مسلط بود و هنرهای دیگر گرایشی به سوی آن داشتند. موسیقی در پایان سده هجدهم و در دوران رمانتی سیسم، هنر مسلط بود. اهداف یا نیت های درونی شعر، با فلسفه و دیالکتیک اجتماعی پیوند دارد. فورمالسیت های روسی به یاری نظریه عامل مسلط، تاریخ ادبیات روسیه را بازنویسی کردند"

6th expectation: creating images

Not only a whole poem must create images in minds of the audiences, but also each line of a poem must separately create an image or a number of RELATED images. Normally a poem has one central image and tens of secondary images which are kept beside the main image. The clearer the central image, the more influence on the audiences, and more pleasant feelings are created for the readers.

Adding more details to the central image of a poem, results in more attraction for people. When we analyze a poem, we can easily reject a poem by saying "It did not create any image in my mind" Even more, we can say "I do not like the first 3 lines, because these lines did not create images for me and also failed to prepare a ground for upcoming images by the next lines"
From the other hands, we can defend a poem by saying "It successfully created images in my mind"

توقع شش: تصویر سازی در ذهن

نه تنها کل یک شعر باید تصویرهایی در ذهن مخاطب بسازد، بلکه هر سطر یا هر مصرع از یک شعر باید بتواند تصویرهایی مرتبط به هم بسازد و یا تصویر ساخته شده در سطرهای قبلی را تکمیل نماید. معمولا هر شعر یک تصویر محوری دارد و دهها تصویر فرعی در کنارش افزوده می شوند. هر چه تصویر اصلی ساخته شده توسط شاعر واضح تر باشد و با جزئیات بیشتری تشریح شده باشد، راحت تر به دل مخاطب می نشیند و مخاطب را در فراز و فرود شعر به دنبال خود می کشاند.

در جلسات نقد شعر می توانیم به راحتی کلیت شعر را رد کنیم و بگوییم "هیچ تصویری برای من نساخت" همچنین می توانیم به راحتی بگوییم "سه سطر اول شعر را نپسندیدم چون تصویری برای من نساختند و حتی در زمینه سازی برای ساختن تصویر در سطرهای بعدی نیز نا توان بودند" برعکس می توانیم از شعر دفاع کنیم و بگوییم "در زمینه تصویرسازی در ذهن من مخاطب موفق بوده است"

Cont. 6th expectation: creating images

A good poet doesn't let any of his/her images to fall out of previous images. She/he doesn't allow images/words/spaces to escape from his/her initial lines of a poem. During poetry criticism meetings, we can say, for example "In the new poem you just read for us, you described a scene of a horse crossing a river. You mentioned room of watchmen of a corn farm. You continued and you did not use that room in your next lines at all. By now, the image of that room is an extra part (useless) in your poem. You may edit your poem in future and remove the room or you can keep the room and give a task or an image to it"

On the other hand, during poetry criticism meetings, we can say, for example "Dear poet, you stsrted your lines with an image of AA then you added images of BB, CC, & DD and you kept all those four images with you till the end of your poem. It was a strength and good point in your poem"

ادامه ___توقع شش: تصویر سازی در ذهن

شاعر خوب کسی است که تقریبا هیچ کدام از تصویر هایی که می آفریند، خارج از تصویر قبلی نیفتد و واژه ها یا فضا ها را از ابتدا تا انتهای شعر همراه خود نگه دارد و اجازه فرار به آنها (واژه ها، فضا ها، تصاویر) ندهد. در نقد شعر مثلا می توانیم بگوییم "در فلان شعر که شنیدیم، منظره عبور اسب از یک رودخانه را به تصویر کشیدی و به اتاقک نگهبان مزرعه ذرت اشاره کردی، ولی در ادامه هیچ استفاده ای از اتاقک نکردی و اتاقک یک تصویر اضافه بود و بهتر است شعرت را تراشکاری کنی، تا این اتاقک را حذف کنی و یا در ادامه شعر، در سطرهای بعدی، یک وظیفه ای به این اتاقک بسپاری"

برعکس، می توانیم بگوییم "ای شاعر، با تصویر فلان شروع کردی و در ادامه تصویر الف و ب و ج را به آن افزودی و تا پایان شعر از این چهار تصویر خارج نشدی/دور نشدی و این نقطه قوت شعر تو است"

Cont. 6th expectation: creating images

In the book Fiction in Persian Poetry by M. R. Sh. Kakdani page 515 we read "Manuchehri, ancient Iranian poet is a greater poet compared to many other poets in his era. He created many fresh images from natural scenes. More importantly, he described sounds of many birds by comparing each bird to one of instrumental musicians in a concert. He sees a forest as a huge concert and birds are music players and singers"

When we start a new poetry analysis session, we can drink some wine and say "dear poet, you took hands of our imagination and walked us through fish-selling market place in Isafhan city. Then you did not mention any of voices and sounds we may expect to hear in such a shopping center. You can keep it in mind and add some similar aspects and features in your future poems. There are lots of interesting sounds waiting for you there. Aren't they?"

ادامه ___ توقع شش: تصویر سازی در ذهن

در کتاب صور خیال در شعر فارسی اثر م. ر. کدکنی ص 515 می خوانیم " منوچهری نه تنها به تصویرهایی از طبیعت که در حوزه مبصرات و نیروی بینایی است، پرداخته، بلکه نسبت به معاصرانش توجه بسیاری به مساله اصوات در طبیعت دارد، از این روی در دیوان او تصاویری در باب آهنگ ها و نغمه های مرغان دیده می شود که خود قابل توجه است و یکی دیگر از عوامل زنده بودن طبیعت در شعر او همین توجهی است که به اصوات دارد. در شعر او کبک ناقوس زن، و شارک سنتور زن است، فاخته نای می زند و بط تنبور و هر کدام از مرغان، مقام یکی از موسیقی دانان و نوازندگان را داراست"

در جلسات نقد شعر می توانیم ویسکی بنوشیم و بگوییم "شاعر عزیز، در شعری که الان برایمان خواندی، ما را همراه خودت به بازار ماهی فروشان اصفهان بردی، ولی اشاره ای به صداهای قابل شنیدن در آن بازار نکردی و می توانی در شعرهای بعدی ات چنین مساله ای را مد نظر قرار بدهی"

Cont. 6th expectation: creating images

In the shopping center of Isahan, where you are decorating your lines of a new poem, you can for example, speak with a man who is 410 years old, you can bring him in as a successful case of ageing genes correction, done by advanced biological genetics scientists. You can ask him to describe steps he took to become an ever-young man who doesn't get old because his genes are modified and edited by modern science. From this point on, you can discuss with him about metaphysics and motivations for gaining eternal life on Earth. If a car accident causes death of such an eternal man without ageing genetics capability, will the car driver will be treated in courts same as other guilty drivers or not? When our 411 years old man remembers his childhood, does he see any old image of Disney Land or not yet? (411, because you are talking to him for 13 months in your poetic crazy mind). The man might explain how hard it was to see ageing and death of those good doctors who gave him eternal life in a small glass-wall clinic. Your 412 years new friend can expand your poetic imaginations and claim he was a soldier in Karim-Khan-e Zand Lor army.

ادامه ___توقع شش: تصویر سازی در ذهن

در همان بازار ماهی فروشان اصفهان، که همچنان بر تصاویر شاعرانه ات می افزایی، می توانی با یک مرد 410 ساله وارد گفتگو بشوی. این مرد به عنوان یک مورد موفق از اصلاح ژنتیک و تغییر ژن های پیری انسانی، در مراکز پیشرفته پزشکی، وارد شعر تو می شود. می توانی از او بخواهی شرح دهد که چه مراحلی را پشت سر گذاشت تا به یک همیشه جوان تبدیل شود. او پیر نمی شود چون ژنهای او با دانش پیشرفته تغییر یافته اند. از این نقطه به بعد، می توانی با او بحث را ادامه دهی و بررسی به متافیزیک و انگیزه بشر برای دستیابی به عمر جاودان بر کره زمین. اگر یک تصادف خودرو رخ دهد و یک مرد فاقد قابلیت پیر شدن مثل او را بمیراند، آیا دادگاه با راننده مقصر شبیه سایر رانندگان مقصر برخورد خواهد کرد؟ وقتی مرد 411 ساله اصفهانی از خاطره های کودکی می گوید، آیا تصاویر قدیمی از دیزنی لند را به خاطر می آورد یا نه هنوز؟ (411 چون سیزده ماه است که داری با او حرف می زنی و به مغز شاعرانه و دیوانه وارت کار می دهی). این اصفهانی شاید برایتان توصیف کند که چقدر برایش تلخ و دشوار بود پیر شدن و مرگ پزشک هایی که به او عمر جاودان داده اند، را ببیند. مهمان 412 ساله شعر تو، شاید خیال انگیزی های تو را گسترش دهد و ادعا کند که یک سرباز در ارتش لرهای کریم خان زند بود.

Cont. 6th expectation: creating images

In the book Fiction in Persian Poetry by M. R. Sh. Kakdani page 194 we read "Beauty of any image created by poets, exists until when the reason of creating such an image in that point, remains hidden and unknown for readers" In other words, new images in new lines of a poet, must be added unexpectedly and in a strange way, to become more poetic.

In the book Fiction in Persian Poetry by M. R. Sh. Kakdani page 209 we read "In some eras in Persian poetry history, unfortunately, metaphors and poetic images remained same as images created by previous poets. This wrong trend was continued and repeated requently. Naser Khusro Iranian ancient poet used this steady use of similar metaphors as a pre-condition for eternal life of the universe. He could use durability of natural and physical laws but he used durability of poetic images. Naser Khusro says: I wish Gods control and ownership of the universe remains in place, until any ever-lasting time that lovers still compare pretty girls to moon and cypress tree and deer musk bindi, in their poems"

ادامه ___توقع شش: تصویر سازی در ذهن

در کتاب صور خیال در شعر فارسی اثر م. ر. کدکنی ص 194 می خوانیم "زیبایی هر تصویر شاعرانه تا جایی است (تا حدی است) که رمز به وجود آمدن و ابداع آن بر مخاطب پوشیده باشد"
به عبارتی، افزودن یک تصویر جدید در سطرهای یک شعر، باید به گونه ای عجیب و غیر منتظره انجام شود، تا شاعرانه تر باشد.

در کتاب صور خیال در شعر فارسی اثر م. ر. کدکنی ص 209 می خوانیم "این خصوصیت (تکرار تصویرهای ساخته شده توسط پیشینیان) به حدی خشک و ثابت می ماند که می بینیم ناصر خسرو در شریطه یکی از قصاید خویش یعنی در تایید آن، به جای این که از ثباتی که در عناصر طبیعت یا قوانین هستی است، کمک بگیرد، از ثباتی که در صور خیال شاعران وجود دارد، استفاده می کند و می گوید: تا عاشقان به شعر بتان را صفت کنند / گه ماه سرو قامت و گه سرو مشک خال/ جاوید باد ملک خداوند روزگار"

Cont. 6th expectation: creating images

Long time ago, I watched a TV series. Its theme was almost like Good Omens TV series. One of demons who worked under the command of The Devil flied down from skies to the Earth. Accidently, the demon arrives when Jesus Christ is being killed on Earth. The demon walks through the crowd of people, and approaches to Jesus and asks "Hey, what's the matter? Why are they literally killing you?"
Jesus responds "These people believe that I am a sinner, and they are damn right"

A poet can act like such film makers. A poet can modify historical events based on his/her feelings, & based on his/her understanding and ideas.

Now, think of ten HISTORICAL TRAGIC EVENTS IN HUMAN HISTORY, and change those events in your mind, and make them better or woese, and then re-write all those historical events as new 10 poems.

ادامه ــــتوقع شش: تصویر سازی در ذهن

در سریالی شبیه سریال فال نیک یا گود اومینز، یک اهریمن از زیردستان جناب شیطان از آسمان به زمین می آید و به طور اتفاقی، صحنه قتل عیسی مسیح را از نزدیک تماشا می کند. از میان شلوغی و لابلای جمعیت، خود را به حضرت عیسی می رساند و می گوید "جریان چیه، چرا دارند راستکی راستکی می کشندت؟" حضرت پاسخ می دهد "این جمعیت بر این باورند که من یک گناهکارم، و در واقع راست می گویند؛ حق با آنهاست"

شاعر می تواند مثل این فیلمساز به وقایع تاریخی پردازد و بر اساس برداشت و حس خود، در آنها دخل و تصرف کند. ده صحنه تلخ و مهم در تاریخ بشر را در ذهن تان تصور کنید و به سلیقه خودتان آنها را زیباتر یا شیرین تر یا دراماتیک تر کنید و همین ها را به شعر درآورید.

7th expectation: dynamic story telling

A good poet is a poet who creates a dynamic connection between images created in a new poem. Poetic images should not be still at a fixed place (except for Haiku Japanese form of poems). Dynamic story telling is starting by creating one mental image, and then add more mental images to it. All images must be relevant and attached to one another. If a poem is on the table or criticism, and it does not contain dynamic story telling feature, we can say "dear poet, instead of repeating your initial image, you'd better edit it and create 7-8 images and include a moving line between your images"

On the other hand, if a poet is in front of us and his/her poem already contains dynamic story telling and images in motion, we might praise it and ask others to learn rom it. We can also say, for example "Dear poet, in your new poem, a baby girl is waking up, and then you jumped to workplace of her daddy, there is a big gap between these two images, you may consider editing your poem and add 2-3 more lines to fill this gap by adding some images"

توقع هفت: روایت گری، الف به ب

شاعر خوب کسی است که در شعرش یک پویایی و حرکت دینامیک بین تصاویر ایجاد کند و ثابت در یکجا نباشد (به استثناء شعر هایکو). روایت گری شعر یعنی این که از یک تصویر شروع کند و با تکمیل تصاویر مرتبط به پیش برود و به یک نقطه ای برسد. اگر ببینیم شعری که برای نقد آورده شده، این را رعایت نکرده، می توانیم یادآوری کنیم و بگوییم به جای تکرار همان تصویر اول، هفت هشت تصویر مرتبط بساز و یک حرکتی به تصویر ذهنی ات بده. برعکس، اگر ببینیم شاعر این نکته را رعایت کرده و تصاویرش پویا هستند و همراه با جابجایی زاویه دید خواننده، به طرز دلنشین، تصاویر هم حرکت می کنند، کار او را تحسین کنیم و به عنوان نمونه خوب از تصویر دینامیک به دیگران معرفی کنیم. همچنین می توانیم بگوییم، برای نمونه "شاعر عزیز، پس از تصویر بیدار شدن کودک، پرش کردی به محیط کار پدر و این فضا خالی مانده و می توانی با افزودن دو سه سطر دیگر به شعر، این فضا را تکمیل کنی و از انقطاع جدی بین تصاویر شعرت جلوگیری کنی"

Cont. 7th expectation: dynamic story telling

When a poet tries to increase dynamic motion of poetic images, she/he may do such thing excessively and quiet a lot. If so, the poem will be negatively affected by over-detailing. When we observe a poem is made ill by the problem of over-detailing, we must become good doctors (good critics) and prescribe "minimize your details tablet" for the poet.

At any condition, we should notice that a poem must have a proper level of beauty, emotional influence, ambiguity, pleasure, & thoughtfulness. Any of these factore, if deteriorated, may deteriorate and harm the poem on our table. We as critics must watch for such issues and warn poets.

If we see a poet is not willing to hear what we say, we must keep doing it and do our best to help poetry in the world. We as critics should not give up.

ادامه _توقع هفت: روایت گری، الف به ب

ممکن است در روایتگری و متحرک سازی تصاویر ذهنی، شاعر زیاده روی کند و مخاطب را گیج کند و به اصطلاح دچار اوور_دیتیلینگ یا افراط در جزئیات شود. در صورت مشاهده این نکته در شعر مورد نقد، می توانیم به شاعر بگوییم که شعرش را بیمار کرده است. سپس طبیب شویم (منتقد شویم) و بر بالین شعر او حاضر گردیم و قرص "جزئیاتت را کمتر کن" برایش تجویز کنیم و شاعر جوان جویای نام را راهنمایی کنیم.

در هر حال، حواس مان به این باشد که شعر باید سطح مناسبی از زیبایی و اثرگذاری و ابهام و لذت و اندیشه را به مخاطب منتقل کند. هر کدام از این پارامترها (و سایر عوامل شاعرانگی) که خدشه دار شود، می تواند به کلیت شعر آسیب بزند و وظیفه ما منتقدان و مخاطبان است که با نقد منصفانه، زمینه ساز بهبود آثار شاعر شویم.

این که شاعر استقبال کند یا نکند، نباید مانع شود از این که ما آن چه را که شرط انصاف و بسط و بهبود است را بر زبان بیاوریم.

Cont. 7th expectation: dynamic story telling

In the book Fiction in Persian Poetry by M. R. Sh. Kakdani page 551 we read
"Naser Khusro Ghobadiani Iranian ancient poet has poems which are powerful in both axis, horizontal axis, and vertical axis and he imaginated perfectly both ways. His images and his emotional interactions are well-structured and greatly connected. By reading his poems, I feel I am hearing a long lecture which is full of enthusiasm. You cannot find an extra image in his poems. You cannot find disordered images that are gathered in a panic way"

This is an example of what professional literarians expect from your good poems. Images must be properly selected and properly connected and supplement each other.

ادامه _توقع هفت: روایت گری، الف به ب

در کتاب صور خیال در شعر فارسی اثر م. ر. کدکنی ص 551 می خوانیم "برجسته ترین تفاوت شعر ناصر خسرو قبادیانی با شعر دیگران، عنصر خیال در دو جهت یعنی در هر دو محور خیال است. در محور عمودی خیال قصاید او در دوران خودش و بالطبع در تمام ادوار شعر فارسی، قوی ترین محور خیال به شمار می رود، زیرا رشته تداعی و تسلسل عاطفه و اندیشه و خیال در شعر او چندان قوی است که در هر قصیده او، یک خطابه بلند با همه اوج ها و سرعت ها و درنگ ها، که در یک خطبه بلیغ و استادانه وجود دارد، مشاهده می شود و این پیوستگی و ارتباط عاطفی و ذهنی که در طول قصاید او یعنی در محور عمودی خیالش دیده می شود، در شعر دیگران وجود ندارد. در قصاید او به دشواری می توان پریشانی مضمون و از هم گسستگی محور عمودی خیال را نشان داد"

این چیزی است که منتقدان حرفه ای ادبیات از شما به عنوان شاعر توقع دارند. تصاویر و تخیل های تان باید به درستی چینش شده باشند و به درستی در هم تنیده شده باشند و مکمل همدیگر باشند.

Cont. 7th expectation: dynamic story telling

In the film Dead Poets Society by Peter Weir, a literature teacher John Keating asks his students to read pages from their study book. Students read pages and go on. One student reaches a page about vertical and horizontal evaluation of Shakespeare poems and comparing it to other poets. Keating says (summarized)
"Excrement. Your book is talking about piping, not poetry, I want you to rip out those pages, come on, rip it out, rip it all of them. I want to hear nothing but ripping pages of your book. Come on, it's not The Bible, you are not going to the hell for this. Keep ripping. This is a battle. The victims are supposed to be your hearts and souls. Army of academics going to measure dimensions of poetry? No no no. In my class, you will learn to think or yourself" End o quote.

I disagree with his part on rejection of horizontal/vertical analysis of poems, but in general, it's a great dialogue in films and it insists on ambiguity and fluidity in poems and poetic images.

ادامه _توقع هفت: روایت گری، الف به ب

در فیلم انجمن شاعران مرده ساخته پیتر ویر، معلم ادبیات آقای جان کیتینگ وارد کلاس می شود، به دانش آموزان می گوید "یکی یکی صفحاتی از کتابتان را بخوانید تا درباره اش بحث کنیم" چندمین دانش آموز می خواند و در صفحه ای به این متن می رسند "شکسپیر و چند شاعر دیگر هم در محور عمودی شعر امتیاز خوب می گیرند و هم در محور افقی یا هر بیت به تنهایی" کیتینگ می گوید "کافی است، کسی که برای شعر جدول ضرب و عمود و افق ترسیم کند، شعر را نفهمیده است. همین روز اول کتابتان را پاره کنید و به زباله دان بیندازید. هر کس می خواهد شعر را مثل نصاب لوله آب یاد بگیرد، و طبق این کتاب مزخرف پیش برود، با استادهای دیگر انتخاب واحد کند، هر کس می خواهد شعر را بدون چارچوب و دیوانه وار و مست کننده، یعنی درست مثل خود شعر یاد بگیرد، در این کلاس بماند و با شیوه های من ادامه دهد" پایان دیالوگ.

با آن بخش که محور عمود و افق شعر را به رسمیت نمی شناسد، مخالفم ولی در کل دیالوگ نابی است.

Cont. 7th expectation: dynamic story telling

In the book Fiction in Persian Poetry by M. R. Sh. Kakdani page 261 we read "Poems of Farokhi Sistani ancient Iranian poet are higher than poems of his era, based on images and dynamic mition of images. Motion in poems is similar to motion in philosophy and physics. Motion is change of one thing compared to a reference point or a starting point. By moving from one thing to another, contradicting and differing things are observed and that is called motion. Farrokhi says for example: a water pond was stable, but a whirlpool started to run through it just like flooding. Frrokhi's motions are in aspects like concept, color, shape, and the image itself. Images and motions are both powerful and good in Farrokhi's poems" In the book Fiction in Persian Poetry by M. R. Sh. Kakdani page 185 we read "in some balladry poems (narrative & long poems) in Persian language, vertical axis or general story and concept are so weak and scattered and non-connected. It becomes more visible when the horizontal axis (images and phrases in each line) also are weak and not effective. Beside all these, there are poems where images are all repeated and cliché and not created by the poet as first-hand poetic images"

ادامه _توقع هفت: روایت گری، الف به ب

در کتاب صور خیال در شعر فارسی اثر م. ر. کدکنی ص 261 می خوانیم "شعر فرخی سیستانی شاعر قرن پنجم از شعر هم عصران خودش به لحاظ پویایی تصویر، قویتر است. حرکت، از نظر فلسفی و فیزیکی نیز جز دگرگونی نسبت یک شی با مبدا خاصی نیست، و از رهگذر آمدن اجزاء متضاد است که این دگرگونی احساس می شود. آنگونه که در بیتی از فرخی جلوه می کند: چو گردان گشته سیلابی میان آب آسوده. از آنجا که تصویر عبارت است از مجموعه رنگ و شکل و معنی و حرکت، تصویر در شعر فرخی از همه قویتر است، به خصوص عنصر حرکت، که در تصویر بالاترین مقام را دارد" در کتاب صور خیال در شعر فارسی اثر م. ر. کدکنی ص 185 می خوانیم "در برخی قصاید زبان پارسی، محور عمودی (روایت کلی) بسیار ضعیف و پریشان است و این پریشانی محور عمودی، وقتی محسوس تر می شود که محور افقی (عبارات و تصاویر مندرج در یک بیت) نیز ضعیف می شود و تصویرهای تکراری جای تصویرهای ابداعی را می گیرد و زیبایی محور افقی نمی تواند ابتذال و تکراری بودن محور عمودی را جران کند"

Cont. 7th expectation: dynamic story telling

In the book Fiction in Persian Poetry by M. R. Sh. Kakdani page 190 we read "in 11th century A.D. Persian poets used to create weak poems with large number of extra and unnecessary images. Those images were conflicting and cliché in most cases. As an example, Amir Moezi ancient Persian poet wrote 18000 couplets but we cannot find one good couplet in it"

Some poets at first smartly define sharp moving characters, like a kid, a pilot, a bird, & a horse, to make it possible for them to increase dynamic motion of images through long poems and through their story developing jorney. Are you that type of poet? It depeds on you. I am waiting to read your poems soon.

ادامه _ توقع هفت: روایت گری، الف به ب

در کتاب صور خیال در شعر فارسی اثر م. ر. کدکنی ص 190 می خوانیم "در اواخر قرن پنجم شاعران، دیوان های خود را از انبوه تصویرهای مزاحم و پی در پی، که اگر به طور نادر، تازگی و ابداعی هم در بعضی از آنها وجود داشته باشد، در میان تزاحم تصویرهای دیگر گم می شود، سرشار کنند. حاصل کارشان این است که در سراسر دیوان هژده هزار بیتی امیر معزی و امثال او یک شعر خوب و کامل، و حتی پاره ای از یک قصیده که جمال هنری و ابداعی در آن دیده شود، وجود ندارد"
برخی شاعران در ابتدای شعرشان، کاراکترها یا شخصیت های خیالی با قابلیت تحرک شدید، از جمله یک کودک، یک خلبان، یک پرنده، یا یک اسب را به مخاطب می شناسانند. این گزینش خوب و زیرکانه، امکانی برایشان فراهم می کند تا تصاویر را آسان تر به حرکت دربیاورند و در طول روند قصه گویی و روایت گری در شعر، پویایی و دینامیسم ادبی را رعایت کنند. خواننده عزیز این کتاب، آیا تو چنان شاعر زیرکی هستی؟ بستگی به خودت دارد. مشتاقم به زودی شعری از آثارت بخوانم.

8th expectation: bond separate things

In the book Heidegger on Poetry, What Is Sudeep Sen For? By Toms Ķencis page 3 we read "Part of the pleasure of cultural poetics is to become aware of the hidden transfers between apparently discontinuous or even opposed spheres"

In the book Heidegger on Poetry, What Is Sudeep Sen For? By Toms Ķencis page 6 we read "Sudeep Sen compares poetry to dancing.
Dance as a human language,
can bind the light
that reveals truth—clear,
poetic, passionate and ice-pure.
But it is this sacred darkness that endures,
melting light with desire"

توقع هشت: پیوند اشیاء مجزای جهان

در کتاب هایدگر و شعر، سودیپ سین در دنیای شعر چه کارهایی می کند؟ اثر تامس کنسیس ص 3 می خوانیم "یکی از دلایل زیبایی و به دل نشستن شعر، این است که شعر بین پدیده های مجزا از هم در گیتی، پل می زند و می گوید این دو سه چهار چیز، در واقع یکی هستند، سیار مرتبط اند و انبوهی داد و ستد با هم دارند"

در کتاب هایدگر و شعر، سودیپ سین در دنیای شعر چه کارهایی می کند؟ اثر تامس کنسیس ص 6 می خوانیم
"سودیپ سین شعر را به رقص تشبیه می کند. رقص یک زبان انسانی است، زبان شعر. شعر می تواند نور حقایق هستی را به هم بپیوندد. شفاف، شاعرانه، پر شور، و ناب. ولی تاریکی های ترسیده از نور اند که رنج می برند. تاریکی ها، نور زمینگیر شده با امیال ما هستند"

Cont. 8th expectation: bond separate things

In the book Aesthetics In Art and Nature by Alinaghi Vaziri page 219 we read "A part of aesthetics is to find bonding and brotherhood among all phenomena in the world. Art and worshiping beauty can be a religion. It can be the religion of people who have no other religions (He points to hatred and separation of human beings due to many religions). Loving art develops the proper feeling in people, and proper continuous feelings are freshness, life, being present among civilized people, and having global life connections"

While some political issues separate people of the world, arts like poetry and music makes bonding and connections among people of the Earth. Poetry picks subjects from human community, from birds' community, from oceans community, and from desires community, and unites them altogether, for the sake of love and kindness.

ادامه _توقع هشت: پیوند اشیاء مجزای جهان

در کتاب زیباشناسی در هنر و طبیعت اثر کلنل علی نقی وزیری ص ۲۱۹ می خوانیم "زیباشناسی هم آن است که انسان هم ریشگی و برادری تمام مناظر وسیع جهان را احساس نماید. هنر و پرستش زیبایی می تواند مذهب کسانی باشد که پای بند مذهب دیگری نیستند (اشاره به تفرقه انگیز و نفرت خیز بودن اکثر مذاهب). عشق به هنر و ذوق به زیبا پسندی ممکن است بطور خاص موجب تعمیم و ریشه دواندن احساسی شود که می تواند و می باید احوال ثابت و عادی طبیعی آدمی باشد. آن احساس عبارت است از: نشاط، زندگی، میان اجتماع متمدن و حیات جهانی"

در حالی که تقابل های سیاسی افراد جهان را از هم دوی می کند، هنرهایی مثل شعر و موسیقی، پلهایی بین انسانهای کره زمین ایجاد می کنند. شعر ها و شاعرها، سوژه هایی از جامعه انسانی، سوژه هایی از جامعه پرندگان، سوژه هایی از جامعه اقیانوس ها و سوژه هایی از جامعه آمال و آرزوها بر می گزینند و این سوژه ها را متحد و یکپارچه می سازند، به خاطر حرمت عشق، به خاطر تداوم مهربانی.

9th expectation: replace main & secondary features

Replacing the position of main & secondary features is one of poetic works. It makes the reader to be more curious and look deeper into what happens in the lines and mini-stories of the poem he/she reads. In the book Antony and Cleopatra by William Shakespear, there are scenes where Antony and Octavius Caesar (Chosen heir of Julius Caesar) speak about important military decisions in a meeting. The words of these 2 commanders are important, but words of their servants are more important with serious content. Sometimes we read open letters in the media. Persons who migrated out of Iran, write university campus memories of the past years, and funny things about military service practices with friends, then they write, for example "If I stayed in Iran, I would join you in protests and street gathering, and I would actively move for #Women_life_freedom "
Such shallow preparation and memory telling for reaching to a very important part at the end of a friendly letter (openly published on media), is a poetic act, even if writer(s) do not claim it.

توقع نه: جابجایی اصل و فرع

جابجایی اصل و فرع یکی دیگر از تردستی های شاعرانه است که به کنجکاوی مخاطب و زیبایی شعر می افزاید. در آنتونی و کلئوپاترای شکسپیر، آنتونی و اکتاویوس سزار (فرزند خوانده جولیو سزار) درباره مسائل مهم نظامی جلسه می گیرند ولی حرفهایی که بین خدمتکاران این دو انجام می شود، چند پله از حرفهای خود دو فرمانده مهمترند و تعیین کننده تر. نامه هایی سرگشاده در رسانه ها می خوانیم که کسانی برای دوستان قدیم شان در ایران نامه می نویسد و سه صفحه از خاطرات دانشجویی می گویند و ماجراهای شیرین اردوی علمی به یزد را با آب و تاب توصیف می کنند، و شوخی های دوستانه در خشم شب سربازی، و در آخر نامه می نویسند "اگر در ایران مانده بودم، در کنار شماها به خیابان می رفتم و #زن_زندگی_آزادی را فریاد می زدم ". همین زمینه چینی و مسخره بازی و سپس بیان حرف مهم تر، یک اقدام شاعرانه است، حتی اگر خود صاحب سخن، و خود نامه نویسان، ادعای شاعرانگی نداشته باشد.

Cont. 9th expectation: replace main & secondary features

T. S. Eliot says (summarized) “Unreal City / Under the brown fog of a winter noon / Mr. Eugenides, the Smyrna merchant / Asked me in demotic French / To luncheon at the Cannon Street Hotel / At the violet hour, when the eyes and back / Turn upward from the desk, when the human engine waits / Like a taxi throbbing waiting / I Tiresias, though blind, throbbing between two lives/ wrinkled breasts, can see / At the violet hour, the evening hour that strives / Homeward, and brings the sailor home from sea / The typist home at teatime, clears her breakfast, lights / Her stove, and lays out food in tins/ Out of the window perilously spread / Her drying combinations touched by the sun’s last rays / Trams and dusty trees / Highbury bore me. Richmond and Kew / Undid me. By Richmond I raised my knees / ‘My feet are at Moorgate, and my heart / Under my feet. After the event/ Nothing with nothing/ The broken fingernails of dirty hands/ To Carthage then I came/ Burning burning burning burning/ O Lord Thou pluckest me out / O Lord Thou pluckest / burning”
At first, a fictious city and its weather is described, then it becomes secondary, because burning is repeated and prioritized.

ادامه _ توقع نه: جابجایی اصل و فرع

در شعر هرزآباد تی. اس. الیوت می خوانیم "شهر وهمی / در زیر هوای مه آلود قهوه فام نیمروز زمستان / من، با پستان‌های درشت ولی چروکین / نگریستم آن صحنه را و پیشگویی کردم سایر رخدادهای تلخ را / می‌سوزد می‌سوزد می‌سوزد می‌سوزد/ پروردگارا، تو مرا از آن میان برگزین / ای خداوند، تو مرا برگزین / می‌سوزد"

ابتدا شهر خیالی و آب و هوایش اولویت دارد، سپس با تکرار سوختن، هوای شهر به حاشیه می رود.

در دنیای فوتبال، شبیه سال هایی است که علی کریمی چهره اصلی و گلزن و مشهور تیم ملی فوتبال ایران بود. علی آقا دو سه نفر را مشغول خودش می کرد تا فضا ایجاد شود و سهراب بختیاری زاده و آندرانیک تیموریان در فضاهای خالی پیشروی کنند و گل بزنند.

10th expectation: being timeless & placeless

Gholam Reza Tarighi Iranian poet well described this concept. He wrote in his website: In prose, the writer tries to transfer a message. But in poetry, transferring a message is just one of the goals. In poetry, pleasure & affecting are also within the goals. Prose is less complicated & audiences can get the message faster. But in poetry, an audience tries to get some message and to enjoy it as well. To achieve such a goal, a poet must make beautiful packaging envelopes and covers for his/her messages. In prose, writers do not need to use literature devices and figures widely. But in poetry, images & imaginations must be provided. In prose, order of words must follow pre-determined grammatical rules, but a poet is free to break those orders. Prose is normally written about a specified time frame, and is time-bound. But poetry is written for all times, including past centuries and future millennia (millenniums). Poet is not limited to one time frame and one specific topic. Poets are not time-bound.

توقع ده: فرازمانی و فرامکانی بودن

غلامرضا طریقی شاعر در وبسایت شخصی اش نوشته است "در نثر هدف رساندن پیام است به مخاطب؛ لیکن در شعر هدف تنها انتقال نیست، تأثیر و لذت نیز جزء هدف است. بر این اساس، نثر از پیچیدگی های کمتری برخوردار است و مخاطب زودتر به پیام آن می رسد ولی در شعر، مخاطب تلاش می کند که در عین بدست آوردن پیام، از آن لذت ببرد. برای این منظور مجبور است آن را در لفافه زیبایی پیچانده تحویل مخاطب دهد. در نثر نویسنده مجبور نیست از صنایع بدیع و بیان استفاده نماید اما در شعر، شاعر ناچار است کلام خود را با تصویر درهم آمیزد. خیال را از عناصر اساسی در شعر برشمرده اند. نثر تابع قوانین دستوری است. اما شاعر ملزم نیست تابع َدستور باشد. شاعر با در هم ریختن شکل دستوری، به کلام صورت شعری می بخشد. نثر اغلب در بعد خاصی و در زمانه معینی شکل می گیرد و شکل خود را در زمان و در جهت خاصی آشکار می سازد؛ ولی شعر با تاریخ خود حرف نمی زند، از مقولهء خاصی صحبت نمی کند و در زمانهء معینی به گردش نمی افتد، بلکه از تمام مقوله های علمی، تاریخی، اجتماعی و غیره گفتگو می کند و در تمام زمانه ها سفر می نماید. برای شعر نمی توان تاریخی را مشخص ساخت و بعد خاصی را تعیین نمود"

Cont. 10th expectation: being timeless & placeless

Many thoughts were once said at an era, and kept as a marginal issue. Later in subsequent centuries, those thoughts were discussed again, and became the most important argument of social-cultural debates. Saying something timeless and placeless is a poetic act. A famous idea by Bertrand Russel sparked lots of ideological-philosophical talks in 19th & 20th centuries. Russel said (summarized) "It's not my duty to find out presence of God through studying lots of complicated and difficult reasoning, because I am a human suffering from hunger, war & other troubles. In fact, it is the duty of God to easily teach me & reveal his existence to me by instincts, the same way that he possibly did to teach me hunger feeling, fearing from height, and other things for surviving"

A much similar idea was raised by Iranian author Abolabas Ghasab Amoli centuries ago. In the book Poetry Language in Sufi by M. R. Sh. Kadkani page 55 we read "Ghasab Amoli said: If they ask you about knowing God, do not say yes, and do not say no. Just say: I hope God himself someday will teach me about his existence"

ادامه ـــ توقع ده: فرازمانی و فرامکانی بودن

بسیاری از اندیشه های بشر در یک دورانی مطرح شدند و در حاشیه ماندند، و سپس در قرنهای بعد، به بحث اول کنشهای اجتماعی-فرهنگی تبدیل شدند. این که کسی سخنی بگوید که از قید زمان و مکان خارج شود، و برای بشر در زمانهای مختلف و در مکانهای مختلف ارزش هنری-ادبی-فلسفی داشته باشد، اقدامی شاعرانه است. سخنی از برتراند راسل در قرن 19 و 20 میلادی منجر به مباحث شدید الهیاتی اندیشمندان گردید. راسل می گوید "وظیفه من انسان گرسنه و گرفتار و جنگ زده نیست که برهان هایی را مطالعه کنم و از راه های پیچیده و دشوار، به جود خدا پی ببرم، بلکه وظیفه خود خداست که به طور آسان و غریزی خود را به من بشناساند، همانطور که احتمالا حس گرسنگی و حس ترس از ارتفاع را در شکم مادر به من آموخته بود" مشابه این حرف را ابوالعباس قصاب آملی نویسنده ایرانی قرن چهار هجری بیان کرده بود ولی در حاشیه ماند. در کتاب زبان شعر در نثر صوفیه اثر م. ر. ش. کدکنی ص 55 می خوانیم "قصاب آملی گفت: اگر تو را پرسند که خدای را شناسی؟ مگوی شناسم که شرک ات بود، و مگوی نشناسم، که آن کفر بود، و لاکن بگوی بادا که خدای تعالی، خود خویشتن را به ما بشناساند"

11th expectation: use of symbols/myths

Many myths and legends and symbols are as old as human history, and have been repeated in different cultures.

In the book The Little Mermaid by Abdolali Dashgheyb page 36 we read

"As explained by Octavio Paz Lozano Mexican poet, each poet creates her/his own myth, even if he/she uses previous myths. In Friedrich Holderlin poems, Jesus is God of sunlight. Holderlin also turns Jesus to be one of Hercule's brothers. In George Philipp Novalis poems, Ozra is mother of Jesus. In other poets' works, religions become atheistic and anti religion, fear turns to be symbol of life as death, heaven is shown as a desert with hot sands"

توقع یازده: نشانه ها و اسطوره ها

بسیاری از اسطوره ها و نمادها، قدمتی به درازای تاریخ مکتوب بشر دارند و با اندکی تغییر، در فرهنگ های مختلف تکرار شده اند.

در کتاب پری کوچک دریا اثر عبدالعلی دستغیب ص 36 می خوانیم

"به گفته اکتاویو پاز شاعر مکزیکی: هر شاعری اسطوره خاص خودش را ابداع می کند و هر اسطوره ای آمیزه ای از باورهای مختلف است. مسیح هولدرلین نوعی خدای آفتاب است و در آن شعر معما گونه که یگانه نام دارد، مسیح به برادر هرکول بدل می شود. عذرای اشعار مهندس نووالیس مادر مسیح و شب ماقبل مسیحی، نامزدش سوفی و مرگ است. اورلیای نروال در همان زمان ایزیس، پاندورا و معشوقه ناکامش جنی کولون هنرپیشه است. مذهب ها و عشق های رومانتیک، رفض ها، التقاط ها، ارتداد ها، کفرگویی ها و تغییر مذهب هاست. دلهره نشان می دهد که زندگی مرگ است، که بهشت برهوت است"

Cont. 11th expectation: use of symbols/myths

Sun is often used as a symbol of clear vision and transparent understanding. The Sun helps eye to see better. But a poet, can take several steps aroun the word SUN, just like ball passing in football, and show sun as something that disturbs clear viewing.

Burrying something under the ground usually means someone or something died. But a poet like Forough Farokhzad plays with this ancient phrase, and turns this phrase to be a symbol of longer living.

In the book The Little Mermaid by Abdolali Dashgheyb page 43 we read "Forough: My eyes are half open, my heart is tired, I look at you, you are in mu hugs, within my arms, so beautiful and calm, you are well rested, and I wish, I can burry you under my ground right here, and your grave can be under a sunshade made of my hair, I wish I can inject you to my thirsty body, I wish, I can burry you under my ground right here"

ادامه _ توقع یازده: نشانه ها و اسطوره ها

خورشید اغلب نماد روشنی و شفافیت است و به چشم ها در امر مهم یعنی دیدن، کمک می کند، ولی شاعر می تواند با چند حرکت کوچک، شبیه پاس دادن در فوتبال، خورشید را به چیزی تبدیل کند که برای چشم مزاحمت ایجاد کرده و دیدن را مختل می کند و نقش ضد شفافیت را دارد.
رفتاری مثل خاک کردن به معنای کسی را زیر خاک دفن کردن، و معمولا نماد مرگ و قتل و بیزاری است، خاک شدن یعنی دفن شدن و اسیر مرگ شدن، ولی فروغ به گونه ای با این عبارت نمادین در تاریخ بشر، بازی می کند که عباراتی مثل (الهی خاک بشوی)، (الهی بروی زیر گل) یکی از معناهایش میشود: زنده بمانی، یا دقیقا مثل همین لحظه ات بمانی و عوض نشوی. در کتاب پری کوچک دریا اثر عبدالعلی دستغیب ص ۴۳ می خوانیم "فروغ: از میان پلک های نیمه باز/ خسته دل نگاه می کنم/ کاش با همین سکوت / و با همین صفا / در میان بازوان من / خاک می شدی / با همین سکوت / و با همبن صفا / در میان بازوان من / زیر سایبان گیسوان من / لحظه ای که می مکد تو را / سرزمین تشنه تن جوان من / چون لطیف بارشی / یا مه نوازشی / کاش خاک می شدی"

Cont. 11th expectation: use of symbols/myths

In public culture of societies, symbols are very important and sensitive topics for people. Sometimes extremist religious people tolerate others who speak against their religion in general, but those extremist religious people do not tolerate it when they hear others speaking against religious symbols.

In the book Fiction in Persian Poetry by M. R. Sh. Kakdani page 492 we read "Farrokhi Sistani was brave because he talked against Islamic symbols by specific words. Farrokhi wrote in his poems: I hope Ramadhan month will go away sooner, because it creates troubles for all (believers and non-believers)"

In the book Fiction in Persian Poetry by M. R. Sh. Kakdani page 494 we read "In Farrokhi Sistani's poems many religious symbols were ruined or played with, even the symbolic act of Kheibar gate removal by Imam Ali"

Psychological poetry criticism is well developed and trained in literature institutes, especially based on theories of Freoud, Lakan, and Karl Jong.

ادامه _ توقع یازده: نشانه ها و اسطوره ها

نمادها در فرهنگ عمومی بسیار مهم و حساسیت زا هستند. حرف زدن بر علیه خود یک آیین شاید قابل تحمل باشد ولی حرف زدن بر علیه نمادها و سمبل های یک آیین معمولا برای پیروان آن آیین قابل تحمل نیست. در کتاب صور خیال در شعر فارسی اثر م. ر. کدکنی ص 492 می خوانیم "فرخی سیستانی با صراحت تمام درباره ماه رمضان می گوید: چه شود گر برود گو برو و نیک خرام/ رفتن او برهاند همگان را ز عذاب"

در کتاب صور خیال در شعر فارسی اثر م. ر. کدکنی ص 494 می خوانیم "در شعر فرخی و معاصرانش بسیاری از مظاهر دین و رمزهای اسلامی در برابر پادشاه ممدوح او، خوار می شده اند: از پی آن که در از خیبر بر کند علی/ شیر ایزد شد و بگذاشت سر از علیین/ گر خداوند مرا شاه جهان امر کند / بر شاه آرد در دست در قسطنطین"

نقد شعر مبتنی بر سمبل ها با گسترش روانکاوی و با فراگیر شدن مباحث علمی-جامعه شناختی پیرامون تئوری های لکان و یونگ و فروید، بیش از پیش مورد توجه قرار گرفت.

Cont. 11th expectation: use of symbols/myths

In the book Fiction in Persian Poetry by M. R. Sh. Kakdani page 471 we read "One of oldest love poetry books in Persian language is Love Story Of Vargheh and Golshah. It is full of symbolic language. The love book is now accessible for us, unlike many lost poetry collections. Examples o phrases in that book are (They paused their war when the world turned to dark clothes time), (Her loyalty was a water for washing separation), and (His kind heart was hidden under patience)"

In the above examples, "dark clothes" of the universe is a symbol of night time.

Washing something by water is a symbol of reducing its pain and harm.

Something being hidden is a symbol to say one thing (kind heart) to be confirmed present and existing for sure, because we already saw its covering layer (patience)

ادامه _ توقع یازده: نشانه ها و اسطوره ها

در کتاب صور خیال در شعر فارسی اثر م. ر. کدکنی ص 471 می خوانیم "از قدیم ترین داستان های عاشقانه منظوم در ادب پارسی که به طور کامل امروز در دسترس ماست، یکی داستان ورقه و گلشاه عیوقی است. از تعبیرهای زیبای این کتاب می توانیم (همی تا جهان جامه دود رنگ/ نپوشید کوته نکردند جنگ) و نیز (به آب وفا روی هجران بشست) و (دل مهربانش نهان زیر صبر) را ذکر کنیم. در این منظومه عاشقانه، ده غزل مستقل نیز آمده است"

زبان نمادین یا سمبلیک در کتاب ورقه و گلشاه عیوقی بسیار قوی است. در مثال های ذکر شده، سیاهپوش شدن و رنگ دود گرفتن جهان، به معنای شب است. همچنین روی چیزی را شستن، نماد از کمرنگ و کم اثر کردن آن است. نهان زیر چیزی بودن نیز نماد این است که با دیدن یک چیز (مثل صبر) مطمئن می شویم که چیز دیگر (دل مهربان) نیز وجود دارد و سر جایش است.

Cont. 11th expectation: use of symbols/myths

Symbols of any culture are important and hard to speak about them with other people. In the book Fiction in Persian Poetry by M. R. Sh. Kakdani page 239 we read "There is a story about one of meetings of Ferdowsi Tousi poet and Mahmud Ghaznavi king. This story is written in Sistan History book. We might reject credibility and factualness of this specific story, but it reveals a historical general point. It shows others (like kings) had the tendency to insult poetic hero characters and poets were willing to defend their own heroes. Sistan History book explains Ferdowsi Tousi read many pages oF his poetry book Shahnameh for the king, Mahmud. Mahmud said: Well, I see, you wrote such a big book just to praise one person, just to admire your Rustam, and I have 1000s of brave men like Rustam in my army. Ferdowsi responded: Long live our king, I don't know how many Rustams are here in your army, but I am sure God created just one Rustam, no more. King Mahmud told his minister: This poet insulted me and called me a liar. The minister said: Let's kill him right now. They searched for Ferdowsi and he was not found"

ادامه _ توقع یازده: نشانه ها و اسطوره ها

اسطوره ها مهم اند و دشوار در سخن گویی و چینش کلام درباره شان.
در کتاب صور خیال در شعر فارسی اثر م. ر. کدکنی ص 239 می خوانیم "ملاقات فردوسی با محمود، که صاحب کتاب تاریخ سیستان آن را نقل کرده، حتی اگر حقیقت نداشته باشد، دست کم، نماینده یک واقعیت تاریخی هست که می بینیم بحث شاعر و مخاطب شعری او، درباره اساطیر ایرانی، با نوعی اهانت و خوار شمردن همراه است. حدیث رستم بر آن جمله است که ابوالقاسم فردوسی شاهنامه به شعر کرد و بر نام سلطان محمود کرد (تقدیم کرد به سلطان) و چندین روز همی برخواند. محمود گفت: همه شاهنامه خود هیچ نیست مگر حدیث رستم، و اندر سپاه من هزار مرد چون رستم هست. ابوالقاسم فردوسی گفت: زندگانی خداوند دراز باد. ندانم اندر سپاه او (تو) چند مرد چون رستم باشد، اما این دانم که خدا هیچ بنده چون رستم نیافرید. این بگفت و زمین بوسه کرد و برفت. ملک محمود وزیر را گفت: این مردک مرا به تعریض دروغ زن خواند، وزیرش گفت: بباید کشت. هرچند طلب کردند، نیافتند"

Cont. 11ᵗʰ expectation: use of symbols/myths

Percy Bysshe Shelley, doesn't say I am alone, he uses (moon wandering companionless) as a symbol for it.
"Art thou pale for weariness / Of climbing heaven and gazing on the earth/ Wandering companionless / Among the stars that have a different birth/ And ever changing, like a joyless eye / That finds no object worth its constancy?"

Alfred Edward Housman uses nighted ferry as a symbol o loneliness.
"Crossing alone the nighted ferry/ With the one coin for fee / Whom, on the wharf of Lethe waiting / Count you to find? Not me / The brisk fond lackey to fetch and carry / The true, sick-hearted slave / Expect him not in the just city / And free land of the grave"

Such beautiful connections between human feelings and other areas of knowledge and life or nature.

ادامه _ توقع یازده: نشانه ها و اسطوره ها

پرسی بیشی شلی نمی گوید: تنهایم، بلکه از ماه سرگردان در آسمان به عنوان سمبل تنهایی و دوری استفاده می کند.

آلفرد ادوارد هاسمن از کشتی ای که به شب خورده و در تاریکی دریا توان پیشروی ندارد، برای واگویه کردن تنهایی استفاده می کند.

چه ارتباط برقرار کردن های باشکوهی اند سمبل ها، بین حس های انسانی و سایر زمینه های معرفتی در زندگی و طبیعت.

لزومی ندارد شاعران دیگر این اسطوره ها و نمادها را همانگونه و با همان مضمون به کار ببرند. شاعر می تواند اسطوره را وام بگیرد ولی رنگ و طعم خودش را به آن بیفزاید و حتی مفاهیم قبلا مثبت را منفی و مضر برای بشر نشان بدهد.

Cont. 11th expectation: use of symbols/myths

Woods (forest) give the image of primeval strength and brave manner. Mark MacClosky, one of the modern activists and poets, said that he was indeed destined to enjoy a lot the pleasure of the calm and peaceful atmosphere of the woods and nature, as he illustrated in his The Smell of the Woods poem

"The smell of the high woods,
when rain distilled the night,
come to a house and waits
for no one to unbind the door,
but enters, none to fear the water
as ruin to the touch of things and shut the windows, but enters,
indifferent to grace or fear"

Robert Frost passed deep woods on a dark night. He has to stop in order to watch the woods and the snow, and he watched toward no other end, but just for watching, for contemplating, for appreciating.

ادامه _ توقع یازده: نشانه ها و اسطوره ها

جنگلها و قدم زدن در میان چوب درختان، از زمان انسان غارنشین تا به امروز، نماد قدرت و شجاعت بوده است. مک کلوسکی فعال اجتماعی و شاعر مدرن می گوید سرنوشتش این بوده که همواره از جنگل لذت ببرد. او در یکی از شعرهایش می گوید

"آن هنگام که باران شب را تمیز و ساکت می کرد، بوی درختان بلند جنگل، تا پشت پنجره خانه ها آمده بود، منتظر نماند تا پنجره ای را به رویش بگشاییم، وارد خانه ها شد، بدون توجه به این که ازش ترسیده ایم یا ازش استقبال کرده ایم"

رابرت فراست نیز از اعماق جنگلی می گذشت، که شب فرا رسید. او توقف کرد تا به تماشای جنگل و برف بنشیند. تماشایش فقط برای تحسین و برای قدردانی بود.

Cont. 11th expectation: use of symbols/myths

In Thailand, number nine is a lucky number. It means progress and joy. If a Thai wants to open a new business or to buy a new home, he/she choses 9th day of the month and at 09:00 O'clock and starts it by saying Kao or nine.
In many countries, nine is associated with nine precious stones. A poem by an unknown German black violinist from east Hanover gives us more details:
Oh, Katty, Oh cat, we are not in a very bad status
Our nine precious stones are around
Good diamond, red ruby, round
Bright green emerald, Bond
Yellowish topaz, sound
Dark red, stoned
Cloudy onyx, just found
Loggy opal, barcelet
Their light and glory enhance
The world's beauty compound
(He named only 8, possibly he wants to say: you are also one of em)

ادامه _ توقع یازده: نشانه ها و اسطوره ها

در تایلند، عدد نه عدد شانس آور است. نه به معنای پیشرفت و لذت است. اگر یک تایلندی بخواهد یک کاسبی جدید راه بیندازد و یا یک خانه جدید بخرد، معمولا روز نهم ماه و ساعت نه را برای شروع بر می گزیند. در چندین کشور، عدد نه را با نه سنگ قیمتی مرتبط می دانند. یک ویولونیست ناشناس آلمانی سیاهپوست که اهل هانوفر شرقی بود، بعد از دعوا با صاحب خانه اش، در یک شعر، درباره اهمیت عدد نه گفته بود
"کتی من، گربه من، ما در وضع خیلی بدی نیستیم، نه تا سنگ قیمتی برای ما در جهان پراکنده شده اند، یک الماس قشنگ، یک یاقوت قرمز و گرد، یک زمرد سبز زیبا، یک زبرجد الیوین زرد و سالم، یک سنگ گوهر یا جمستون، یک عقیق ابر مانند، یک اوپال شمسینه، یک سنگ دستبند، جلوه و نور اینها بر زیبایی جهان افزوده است"

(علت این که فقط هشت تا را در شعرش نام برده، احتمالا این است که بگوید خود تو هم یکی از آنها هستی)

12th expectation: form and meter

In the book The Text Structure and Textural Interpretation Vol. 1 by Babak Ahmadi page 66 we read "Russian formalists opened a discussion that reviews whole interconnection of literature works. It started with an article, Art as Technique 1917 by Viktor Shklovsky. In that article, he says: The more we get familiar with a poet of specific period of time in history, we get more assured that he/she used almost no creative image in his works. She/he collected images and imaginations from other poets and artists. The only thing he/she added (created) was a form and a rhythm"

We can partially agree with Shklovsky. Ferdowsi Tousi & W. Shakespeare are 2 examples for this point. These two great poets created almost no image or story by themselves. They made no new character and they built no new building or mountain in their poetry. They just collected huge number of images from other artists and from the society, and then they added their own form and rhythm to it. Were they successful? Of course, yes.

Giving a form and a rhythm can have a considerable importance in successulness of your poetry.

توقع دوازده: وزن و قالب

در کتاب ساختار و تاویل متن جلد یکم اثر بابک احمدی ص 66 می خوانیم "فورمالیست های روسی در بحث از شعر نکته ای مهم را مطرح کرده اند، که مساله کلی مناسبات میان متون ادبی را نیز پیش می کشد. این پیوندهای درونی میان متون، را امروز به پیروی از باختین مناسبات بینا متنی می نامیم. این بحث با مقاله هنر همچون شگرد شلکوفسکی آغاز شد. او در این مقاله نشان داد که هر چه بیشتر با یک دوران خاص از تاریخ آشنا می شویم، اطمینان بیشتر می یابیم که انگاره ها و تصاویری که شاعری از آن دوره به کار برده است، و به گمان ما تصاویر ابداع خود شاعر بودند، تقریبا بی هیچ دگرگونی از اشعار شاعران دیگر وام گرفته شده اند. نو آوری شاعران نه در تصاویری که ترسیم می کنند، بلکه در زبانی است که به کار می گیرند(فورم)" تا حدی می توانیم با سخن شلکوفسکی موافق باشم و فردوسی توسی و ویلیام شکسپیر را مثال بزنم. این دو ادیب بزرگ، تقریبا هیچ تصویر جدیدی نساخته اند، هیچ حکایت جدیدی و هیچ شخصیت جدیدی و هیچ کوه جدیدی وارد ادبیات جهان نکرده اند. همان شخصیت ها و حکایت ها و تخیل ها و تصورهای از قبل پراکنده در ادبیات روز خودشان را استادانه با هم درآمیختند و فورم اثرگذارتر به آن دادند. موفق بودند؟ بله.

Cont. 12th expectation: form and meter

The power of a poet doesn't come from words. It comes from the way those ordinary words are arranged and are given some internal music. Why do I partially disagree with Shklovsky? Because his conclusion was about form only. Not anly form, but form and many other creative acts & poetic devices of a poet can enrich and maximize values of a poem. There are almost 200 poetic devices and all are important and eective.

In the book Poetry Language in Sufi by M. R. Sh. Kadkani page 40 we read "If we pick up a couplet from Hafez poems and we rearrange his words, the general ground of meaning does not change, but the joy & poetic value of that couplet severely reduces"

ادامه ـــــ توقع دوازده: وزن و قالب

قدرت شاعر از خود کلمات بر نمی آید، بلکه از نحوه چیدن کلمات در کنار هم و سپس موسیقی درونی دادن به کلمات معمولی، ایجاد می گردد. چرا با سخن شلکوفسکی تا حدی مخالفت کردم؟ زیرا همانطور که به اوج رساندن زیبایی فورمیک و قالبی می تواند یک اثر ادبی را ماندگار کند، سایر خلاقیت ها و آرایه ها و تردستی های شاعرانه نیز این قابلیت را دارند. حدود دویست آرایه ادبی وجود دارد و همه شان مهم و موثرند.

در کتاب زبان شعر در نثر صوفیه اثر م. ر. ش. کدکنی ص 40 می خوانیم "کافی است که یکی از ابیات حافظ را با پس و پیش کردن کلمات، از نظام ویژه ای که شاعر بدان بخشیده است بیرون آوریم. ژرف ساخت معنی، سر سوزنی تغییر نمی کند اما تک تک کلمات از آسمان به زمین سقوط می کنند. مثلا به جای (شب تاریک و بیم موج و گردابی چنین هایل / کجا دانند حال ما سبکباران ساحل ها) بگوییم (چنین هایل گردابی و بیم موج و شب تاریک / سبکباران ساحل ها حال ما کجا دانند؟) هیچ کلمه ای حذف نشده است. فقط نظام نحوی و موسیقایی واژه ها تغییر کرده است" اهمیت فورم و ریتم کاملا روشن است.

Cont. 12th expectation: form and meter

If a person says "When I stand up, an earthquake may occur, and destroy many things" nobody will take it seriously. But if you give these simple words and phrases to a skilled poet like Houshang Ebtehaaj, he gives it a rhythmic structure & makes it a social political poem, dangerous enough for the fate o poet to be charged at a state court in Iran.

"I look like a mountain; I have movements in my rocks. If I stand up, hundreds of earthquakes will occur. My inner flame will be unveiled, Oh. my chest will be a volcnano. Let it fly, let it flow, I won't stop it. Will you?" End of quote.

When I was jailed in Central Karaj Prison, many prominent political prisoners were there. I was reading this Ebtehaaj's poem loudly. Head of prison Mr. Iraj Fatahi and guards arrived for weekly inspection of rooms. We had to leave our poetic meeting & line up for routine headcount process. I never had a second chance to finish reading this beautiful poem for those jailed gentlemen, including Keyvan Samimi, Amir Arsalan Heydari, Sasan Mikanik, Mehdi Farahi Shandiz, Alireza Torkaman, Amir Arghideh, Kamran Nowrouzi, Manouchehr Bakhtiari, Esmaeil Abdi, Mehdi Beyraami, and more than 10 others.

ادامه ــــــ توقع دوازده: وزن و قالب

اگر کسی بگوید "وقتی بلند می شوم ممکن است زلزله بیاید و فلان" نه توجه کسی را جلب می کند و نه جدی گرفته می شود. ولی همین عبارات ساده را بدهی به یک شاعر چیره دست مثل هوشنگ ابتهاج، وزن و ریتم و شور و شرری به واژه ها می دهد که برایش پرونده سیاسی می سازند "چون کوه نشستم من با تاب و تب پنهان/ صد زلزله برخیزد آنگاه که برخیزم / برخیزم و بگشایم بند از دل پر آتش / وین سیل گدازان را از سینه فرو ریزم" یادش به خیر؟ غروب قبل از شب یلدای سال 1400 در حیاط زندان مرکزی کرج همراه کیوان صمیمی (نویسنده)، امیر ارسلان حیدری (فعال حقوق پناهندگان)، ساسان میکانیک (شاعر کرمانشاهی با شعرهای زیادی درباره تاریخ ایران)، مهدی فراحی شاندیز (معلم فیزیک)، علیرضا ترکمان (خالق پورتره های شخصیت های شاهنامه)، امیر ارغیده (نویسنده مقالاتی بر علیه قرارداد ایران و چین)، کامران نوروزی (شاعر و مجسمه ساز)، منوچهر بختیاری (پدر دادخواه، پدر پویا)، اسماعیل عبدی (دبیر کانون صنفی معلمان)، مهدی بیرامی (سرهنگ نیروی انتظامی و متهم به آزادسازی معترضان از داخل ون پلیس)، و ده دوازده عزیز دیگر در حال خواندن این شعر ابتهاج با صدای بلند بودم که ناگهان رئیس زندان آقای ایراج فتاحی برای بازرسی از بند شش آمد و این شعر ابتهاج را ناقص خوانده، رها کردم و برای نشستن در صف آمار رفتم، رفتیم.

Cont. 12th expectation: form and meter

If you try to find the address of a hospital in a specific street in a big city and you find 17 streets with same names, what will you do? You put the parameter of STREET NAME aside and you try to get to the address by another method. For example, by using names of parks, bridges, big trees, names of nearby buildings. Such a strategy can help us when we analyze rhythm and meter of a new poem. So many rythms exist and all are good, in some way. I heard a good point from a professor, responding to “What is meter and rhythm in a poem?” She said:

“Meter means you can start in any style and in any tone of words, but you cannot continue freely till the end. You may be able to easily write 4-5 lines of a new poem, but for going ahead and writing 6-7-8th lines, you need to adjust something to match the first lines. In other words, meter is something you decide and you control at first, then you surrender to the meter, and the meter gives orders and commands to you”

ادامه ـــــ توقع دوازده: وزن و قالب

اگر آدرس یک خیابان در یک شهر را جستجو کنیم و در نقشه های آنلاین، هفده خیابان با نام مشابه ببینیم، تقریبا بی خیال یاد گرفتن نام خیابان ها می شویم و به طریق دیگری به آنجا می رویم. مثلا از نام پارک ها و پل ها و درختان بزرگ و نام برج های مجاور برای یافتن آدرس استفاده می کنیم. در خصوص وزن شعر نیز همینگونه است. وزن ها فراوان و انعطاف پذیرند و این رهایی از اسارت اوزان عروضی و مثمن محذوف و فلان، چیز خوبی است. از یک استادی یک سخنی در پاسخ به سوال "وزن چیست؟" شنیده ام که ارزشمند است.
ایشان گفت
"وزن شعر یعنی با هر سبکی می توانی شروع کنی، و تعداد هجاها و واژه ها و ابیات در اول شعرت را جلو ببری و روی کاغذ بنویسی، ولی از یک جایی (مثلا از بیت پنجم/ یا از عبارت پنجم) به بعد، احساس می کنی دیگر نمی توانی هر طور دلت بخواهد ادامه بدهی و مجبور می شوی تعدادی عبارت هم وزن با فلان عبارت را بچینی و تقسیم شان کنی. به عبارتی، اول خود تو وزن شعر را کنترل می کنی و چند عبارت نخست شعر را می نویسی، ولی کم کم گیر می افتی و وزن تو را کنترل می کند و به تو دستور می دهد"

Cont. 12th expectation: form and meter

In an interview with literature website Beyond Utopia, American Poet Lynn Levin says "I was encouraged, encouragement helped me along the way, one of the assignments they used to give us, was a process, a process to find a poem in a number of texts written in a language that we didn't know. They even asked us to invent (guess) what is this poem about"

In the book Fiction in Persian Poetry by M. R. Sh. Kakdani page 223 we read "Additional rime or Radeef is a feature of Persian language and cannot be frequently found in other languages"

ادامه ـــــ توقع دوازده: وزن و قالب

خانم لین لوین شاعر آمریکایی در مصاحبه با نشریه فراتر از اتوپیا، می گوید "در مدرسه تکلیف های خوبی می دادند و باعث شد من شاعر شوم. به طور موثر در ما انگیزه ایجاد می کردند. یکی از تکالیف ما به این شکل بود که، معلم برگه هایی با تعدادی متن به زبان غیر انگلیسی، به زبان هایی که اصلا بلدشان نبودیم، به ما می داد، و از ما می پرسید: کدام یک از این چند متن، شعر است و کدام شان شعر نیست؟ حتی می پرسید: حدس بزنید آن شعر درباره چه موضوعی صحبت می کند؟"
در کتاب صور خیال در شعر فارسی اثر م. ر. کدکنی ص 223 می خوانیم "گنجاندن ردیف در ابیات شعر، فقط در فارسی وجود دارد و زبان های دیگر از جمله عربی، این قابلیت را ندارند. یکی از دلایلش فعل رابط است که در فارسی هست و در عربی نیست. وقتی می گوییم الورده حمراء/گل سرخ است، اگر به ترجمه این عبارت در فارسی توجه کنیم، می بینیم اجزای سازنده آن در فارسی سه کلمه مستقل است در صورتی که در عربی دو کلمه بیشتر ندارد. ردیف می تواند بسیار بلند باشد مثل این رباعی فیض: با من بودی منت نمی دانستم/ یا من بودی منت نمی دانستم / چون من ز میان شدم ترا دانستم / تا من بودی منت نمی دانستم"

Cont. 12th expectation: form and meter

In the book Rightful Poem, Unmasked Poem by A. H. Zarinkoub, page 148 we read "Public poems read in villages are the most historical forms of poetry in Iran and they were made of two couplets, and called Fahlaviyat. Hafez Shirazi also mentioned and praised those poems. In recent years, concepts of those poems were re-constructed by many contemporary Iranian poets"

In the book Rightful Poem, Unmasked Poem by A. H. Zarinkoub, page 152 we read "Many long story narrative poetry books are produced recently in Persian, and only Nahid and SHidoush o Abolhasan Foroughi was a successful one"

ادامه ـــــ توقع دوازده: وزن و قالب

در کتاب شعر بی دروغ شعر بی نقاب اثر غلامحسین زرین کوب ص 148 می خوانیم "کاملترین صورت موجود از شعر عامیانه عبارت است از شکل فهلویات یا دوبیتی های فهلوی. همین فهلویات است که از قدیم در زبان خنیاگران محلی، آفریننده شور و هیجان و رقص و طرب بوده است و حافظ از آن به گلبانگ پهلوی تعبیر کرده است. متل ها و افسانه های عامیانه بی شک عمیق ترین آفرینش های هنری در تمدن های گذشته است. موارد متعددی در کتب اخیر داریم از ورود متل های عامیانه به شعر اخوان ثالث یا میم. امید، الف بامداد، و دیگران"

در کتاب شعر بی دروغ شعر بی نقاب اثر غلامحسین زرین کوب ص 152 می خوانیم "از چند نمایشنامه منظوم معدود که در این اواخر در زبان فارسی به وجود آمده است، شاید تنها شیدوش و ناهید قابل ذکر باشد، که اثر ابوالحسن خان فروغی است. او توانسته در جو محیط شاهنامه ای، یک قهرمان درام بسازد"

Cont. 12th expectation: form and meter

In the book Rightful Poem, Unmasked Poem by A. H. Zarinkoub, page 84 we read "When a poet is strongly affected by his/her emotions and feelings, she/he can ignore rhythm and rime and say his poems without rhythm, and yet can remain a poet"

In the book Rightful Poem, Unmasked Poem by A. H. Zarinkoub, page 95 we read "Abol-atahiyeh ancient poet wrote a poem, a person read it and said: your new poem is totally out o rhythm and poetic structure. Abol-atahiyeh responded: I (poet) am more important than my tools (poetic structure)"

Some traditional-style poets in Iran and in the world insult new-style poets and insist on old styles of poetry. This book contains many arguments to condemn them and to support new-style & old styles together.

ادامه ـــــ توقع دوازده: وزن و قالب

در کتاب شعر بی دروغ شعر بی نقاب اثر غلامحسین زرین کوب ص 84 می خوانیم "وقتی شاعر چنان مقهور هیجانات روحی خویش باشد که وزن و قافیه را هم برای بیان مقصود خود زائد بداند، می تواند از آنها صرف نظر کند و در عین حال شاعر هم بماند"

در کتاب شعر بی دروغ شعر بی نقاب اثر غلامحسین زرین کوب ص 95 می خوانیم "ابوالعتاهیه شعری سرود، کسی گفتش در این نظم از قاعده عروض خارج شده ای، جواب داد: من (شاعر) از عروض (ابزار شاعری) جلوترم"

برخی طرفداران سبک های سنتی شعر در ایران و جهان، به شاعران سبک های جدید توهین می کنند و تاکید دارند که فقط باید به همان سبک های سنتی شعر سروده شود. این کتاب استدلال ها و مباحث و ایده های متعدد دارد که چنین نگرشی را محکوم کند و همزمان از سبک های جدید شعر و سبک های سنتی شعر حمایت کند.

13th expectation: poems translation

A translator who interprets texts of international law student books to another language, tries to keep the meaning. A translator who interprets texts of eye-anatomy medical books to another language, tries to keep the meaning. Can it be done the same way for a person who translates a poem? Of course not. Poetry translator must be able to transfer some meaning and (as much as possible) internal music, images and all other poetry devices. It means, it would be better to translate a poem to a poem, or to translate a poem to a prose with many poetic features. In Shakespeare's Hamlet (mixture of poetry and prose), younger Hamlet (and not old Hamlet, the king of Denmark) gets angry with his mother and many others, and hints to go away from all of them. But in next scenes, many dialogues occur between Hamlet and his mother, and between Hamlet and other persons. An English-Persian translator (and other languages) must understand such poetic points and select phrases to keep the readers on track. As per analysis of Character of Hamlet, he is not a liar, not a bluffing type of man.

توقع سیزده: ترجمه شعر به نثر ممنوع

مترجم متن حقوق بین الملل و مترجم متن چشم پزشکی با مترجم شعر تفاوت بنیادین، به لحاظ نوع رسالت دارند. مترجم شعر بایستی وظیفه و تعهد داشته باشد که به موسیقی درونی و تصویر سازی و تضاد و بازی های زبانی و سایر آرایه ها توجه کند، آنها را بفهمد، و سپس تا حد امکان، همین آرایه ها را در متن ترجمه خود، در زبانی غیر از زبان شاعر، بگنجاند. نباید به بهانه دشواری ترجمه، خود را از ادبیات جهان محروم کنیم. بلکه باید شعر غیر فارسی را تا حد ممکن همراه با آرایه ها و بازی های زبانی و تصاویر و قالب دهی برگردانیم. ترجمه شعر به شعر انجام دهیم و یا ترجمه شعر به نثری که ویژگیهای شاعرانه کافی در خود دارد. در هملت شکسپیر (ترکیب نثر و شعر)، هملت کوچک (و نه هملت بزرگ پادشاه دانمارک) از دست مادرش و دیگران عصبانی می شود. می گوید که از همه آنها دور می شود. ولی در ادامه دیالوگ های زیادی بین هملت و مادرش، بین هملت و دیگران رد و بدل می شود. مترجم فارسی باید با شناخت کافی از نمایشنامه، عبارات مناسب را به گونه ای بگنجاند که مخاطب این ریزه کاری ها را لمس کند. چرا که هملت بر اساس آن چه در این کاراکتر می بینیم، یک فرد دروغگو یا بلوف زننده و بی عمل نیست.

Cont. 13th expectation: poems translation

In the book Text-structure and Textural Interpretation Vol. 1 by Babak Ahmadi pag 71 we read “Roman Osipovich Jakobson Russian linguist and other formalists, believed translating a poem to another language is impossible. Lots of things get lost in poetry translation. Jakobson used to work as an editor and translator of Alexander Pushkin’s works. He translated some of his works from Russian to Czech language & Polish language. He realized that some poetic features cannot be translated. Jan Mukařovský Also expressed having the same idea about translation of poetry to other languages”

In the book, Poetry Language in Sufi by M. R. Sh. Kadkani page 68 we read “When an art work or emotional phrases are being translated, it is important to transfer the concept of things without describable qualities, otherwise the job of translation is not done”

ادامه _توقع سیزده: ترجمه شعر به نثر ممنوع

در کتاب ساختار و تاویل متن جلد یکم اثر بابک احمدی ص 71 می خوانیم "یاکوبسن و فورمالیست ها ترجمه شعر به زبانی تازه را کاری نا ممکم می دانستند، چرا که همواره در ترجمه شعر معنایی خاص یا معناهای چندگانه ای از میان می روند. یاکوبسن می گفت: زمانی به عنوان ویراستار، برگردان های متفاوت اشعار پوشکین به دو زبان لهستانی و چک را بررسی می کردم، و در جریان این بررسی ها دانستم که پاره ای از مقوله های شعری نمی توانند به زبانی دیگر ترجمه شوند. موکاروفسکی نیز در مورد برگردان اشعار پوشکین به زبان چک چنین نظری داشت."

در کتاب زبان شعر در نثر صوفیه اثر م. ر. شفیعی کدکنی ص 68 می خوانیم "در ترجمه آثار هنری و گزاره های عاطفی به دیگر زبان ها، اگر نتوانیم آن ویژگی بلاکیف بودن و بی چگونگی (یا ابهام) را به نوعی بازآفرینی کنیم، چیز مهمی از آن گزاره انتقال نخواهد یافت"

14th expectation: poem as a painting

As said before, duty of poets is to get phrases from ordinary language and to add image & beauty to those phrases. One of such beauties is drawing paintings by the text of a poem. If we analyze a new poem and we see such a feature in poem, it's better to praise it and motivate the poet. If we don't see such a feature, we might suggest the poet to slightly move some words to achieve it. There are poems bout the universe and the Earth. The first line is just one short word. Then next line contais 2 words. The 3rd line has 3-4 words. After reaching a long line with 8-9 words, the poet uses shorter lines until reaching the last line with just one word. When we look at the text of the poem on a paper, it looks like the Earth planet, a sphere. It increases the beauty of poetry.

There are other examples of pems about falling from a hight. The text of poem is arranged in a way to look like a number of cliffs with sharp edges, prone to cause persons falling.

توقع چهارده: نقاشی با کلیت متن شعر

همانطور که پیش تر گفتیم، وظیفه شاعر گرفتن عبارات گفتار روزمره و تزئین آنها به انواع زیبایی هاست. یکی از این زیبایی ها، ترسیم نقاشی با کلیت متن شعر است و در نگاه نخست دیده نمی شود. اگر ما در جلسات نقد شعر این را ببینیم، بهتر است تحسینش کنیم و به شاعر انگیزه بدهیم. اگر نبینیم و حس کنیم با کمی دستکاری، شاعر می تواند شعرش را به این نوع از زیبایی برساند، گوشزد کنیم که انجام دهد. هستند شاعرانی که شعری درباره کره زمین و مشکلات زمین می سرایند و با یک کلمه کوتاه مثل "آه" شروع می کنند و سپس دو کلمه و سه کلمه تا می رسند به یک سطر هفت هشت کلمه ای. سپس سطرهای بعدی را کوتاه تر می کنند، تا مجددا برسند به یک کلمه کوتاه دیگر مثل "نی". اگر متن شعر را روی کاغذ بنویسیم و به کلیت متن شعر نگاه بیندازیم، تقریبا شبیه کره زمین شده و بر زیبایی و اعجاب مخاطب می افزاید.
مثال دیگر شعرهایی است که درباره سقوط به زبان های مختلف می سرایند و وقتی به کلیت متن شعر روی کاغذ نگاه می کنی، مثل نقاشی از یک سطح شیبدار است که هی شیب آن تندتر شده و مثل پرتگاه شده است.

Cont. 14th expectation: poem as a painting

In here, beauty of text doesn't mean calligraphy. It means drawing a roughly scene of a painting by the text of poem itself. Even if a reader doesn't understand the language spoken, he/she might grasp the general concept and beauty of such a poem at a glance.

In the book Aesthetics in Arts & Nature by Ali Naghi Vaziri page 52 we read
"Poems in Chinese language are visually related to the concept in addition to audio or words and phrases. The general concept of a Chinese poem is shown by the text as a painting frame. The items on such a painting frame are trees, birds, flowers, horses, waterfall etc"

ادامه ـــــــ توقع چهارده: نقاشی با کلیت متن شعر

در اینجا، منظور توقع زیبایی در نگارش شعر و بحث خوشنویسی نیست، بلکه شاعر واژه ها را جوری کنار هم می چیند که حتی اگر مخاطبی آن زبان را نفهمد، از تماشای مجموع کلمات و از تصویر کلی شعر پرینت شده، به عنوان یک نقاشی تقریبی لذت ببرد.

در کتاب زیباشناسی در هنر و طبیعت اثر کلنل علینقی خان وزیری ص ۵۲ می خوانیم "شعر در زبان چینی هم مصور است و هم مصوت، یا صدا دار. چنان چه با یک نظر، موضوع تمام قطعه، گاهی با چشم گرفته و فهمیده می شود. مثلا در یک قطعه شعر چینی می توان تابلویی را مشاهده کرد که در آن درخت، پرنده، گل، اسب، آبشار و از این قبیل چیزها ترسیم شده است"

Expectations from this very book

As we are warmed-up and discussed a lot about criticizing, why shouldn't we criticize this book too? Please do it in your way. Nietzsche in his book On The Genealogy of Morality says "When we analyze and evaluate concreteness of a social issue, or a church cult or a political party, we must do some digging and do some genealogy and find out their initial concern, their own original sin, their goal, their purpose of activism in the whole society, and argue on their problem statement, and then evaluate them"
At the beginning of this book, my problem statement is written, my concern and trouble. It is as below. This very book suggests audiences to get rid of the concern of meaningfulness and to go beyond it and to discuss aesthetics of a poem and also to analyze influence of poems on people.

One way of 1000s ways for criticizing this book is to do it in Nietzsche's style. Do you think this book could respond effectively to the stated problem? I hope so.

توقع از خود این کتاب

حالا که بحث نقد و نقادی های تند و تیز، گرم است، چرا خود این کتاب نقد نشود؟ لطفا به شیوه خودتان نقد بفرمایید. نیچه در تبارشناسی اخلاق می گوید "وقتی می خواهیم یک پدیده اجتماعی یا یک حزب سیاسی یا یک جریان فکری یا یک حلقه کلیسایی را بررسی کنیم، باید ابتدا تبارشناسی کنیم و ببینیم دغدغه آنها چیست؟ هدف شان از فعالیت در سطح جامعه از ابتدا چه بوده است؟ گناه نخستین شان چه بود؟ قصد و مقصدشان چیست و قبلا چه بود؟ طرح مساله شان چیست؟"
در ابتدای این کتاب، طرح مساله ذکر شده و پشت جلد کتاب نیز تکرار شده و عبارت است از: درخواست از مخاطبان شعر برای عبور از مساله معنا و پرداختن به جنبه زیباشناختی و اثرگذاری شعر.
یک راه (از هزاران راه) نقد این کتاب، همین است. با این نگرش نیچه ای، نقد و بررسی و سلاخی بفرمایید و بگویید که آیا این کتاب توانسته در خصوص طرح مساله (مساله طرح شده) پاسخ ها و نکات خوبی بیان کند یا خیر؟ امیدوارم توانسته باشد.

Cont. Expectations from this very book

If you spend time and look at videos of lectures in the world's top universities about poetry criticism, you see they also mention similar key points. When they reach the sub-section (sub-chapter) of meaningfulness, they (somehow) vote for ambiguity and poetry's right to go beyond precise meaningfulness. They also suggest you to consider aesthetics and influence on people & healing. As this book just shortly introduces general aesthetics in poetry, you are suggested to read other relevant books for deeper understanding. Let's go back to Nietzsche's moral genealogy. Imagine a master's degree student in Tehran (in the field of sociology) publishes an article about migration of Iranians from Tehran to small towns. Thousands of angry people speak against that student and accuse her/him of being supportive to the political party AA. At the same time, thousands of angry people speak against that student and accuse him/her of being supportive to political party BB. If a Nietzsche's genealogy is done, both group of angry people are wrong. They labelled a student with their own political ambitions. If they look fairly, they will find that the sociological research is useful for all political parties and or the country.

ادامه _ توقع از خود این کتاب

اگر در سگفتارهای دانشگاه های معتبر جهان را نگاهی بیندازید، می بینید که در آنجا نیز هنگام بحث درباره نقد ادبی و رسیدن به زیربخش یا زیرفصل نقد شعر، وقتی به معنا می رسند، همین ابهامات و چند معنایی را تکرار می کنند و وقتی به بحث توقع ها از شعر جدید می رسند، تقریبا همین موارد مندرج در این کتاب در خصوص زیبایی شناسی را به بحث می گذارند. هر چند در این کتاب بسیار مختصر و تیتروار معرفی شده اند و اگر کسی علاقه داشته باشد، باید برای هر کدام از این ویژگیهای شاعرانه چندین کتاب دیگر بخواند.

برای درک بهتر تبارشناسی نیچه ای، فرض کنید یک دانشجوی ارشد جامعه شناسی، مقاله ای درباره مهاجرت از تهران به سایر شهرهای ایران منتشر کند. هزاران نفر از مخاطبان بر علیه او موضع گیری می کنند و او را به طرفداری از حزب سیاسی الف متهم می کنند. همچنین هزاران نفر از مخاطبانش دیگر بر علیه او موضع گیری می کنند و او را به طرفداری از حزب سیاسی ب متهم می کنند. اگر تبارشناسی نیچه ی انجام شود، هر دو طیف این مخاطبان خشمگین مرتکب ارزیابی نادرست شده اند. چون برچسب سیاسی بر روی کار علمی و ارزشمند و جامعه شناسانه آن دانشجو زده اند و آن را خراب کردند. دقت نکردند که پژوهش صرفا با هدف جامعه شناسانه انجام گردیده و می تواند برای حزب الف و حزب ب دقیقا به یک اندازه مفید باشد.

Cont. Expectations from this very book

Immanuel Kant says "Good things or moral rules/trends are the ones that if we hear they became globally accepted, we feel good and happy"

Now let's discuss Kant's universal law about this book. It helps to start your criticism on this book right now.

What do you think? How good or bad will be if all poetic societies and councils in the world consider points of this book while they analyze a new poem? Will it hurt and damage the world of poetry or not? Will it put poetry and poetic discussions in better ways or not? If you agree or disagree with this book, please spend time to write criticisms and keep the candle of criticism lit on and on. Do not let the flame of this candle to go away and disappear. As poet Rouzbeh Bemaani once said "Wherever a light is on, it is because of the fear, the terrible fear of loneliness"

ادامه ـــــــــــ توقع از خود این کتاب

همچنین امانوئل کانت می گوید: "امر خوب و مفید و اخلاقی امری است که اگر بشنویم تبدیل به یک رویه کلی در جهان شده است، حس خوبی به ما دست بدهد"

توجه به این فرمول کانت، بهانه خوبی است که همین حالا نقد خود درباره این کتاب را بنویسید.

اگر توصیه های این کتاب در محافل ادبی و نشست های نقد شعر در سراسر جهان رعایت شود، آیا شما هم مثل کانت احساس خوبی (یا بدی) خواهید داشت؟! آیا حس خواهید کرد که به دنیای شعر آسیبی وارد خواهد شد یا برعکس، شعر و شعرخوانی و شعر پژوهی در مسیر درست تری قرار خواهد گرفت؟ در هر دو صورت، این را در نقد خود بگنجانید و هر جا صلاح می دانید، این کتاب را نقد بفرمایید، تا چراغ نقد فروزنده بماند، چرا که روزبه بمانی می فرماید "هر جا چراغی روشنه از ترس تنها موندنه"

www.ingramcontent.com/pod-product-compliance
Lightning Source LLC
Chambersburg PA
CBHW081323040426
42453CB00013B/2287

* 9 7 8 1 9 4 2 9 1 2 9 0 3 *